中田翔　逃げない心

プロ野球選手という仕事

平山讓

主婦と生活社

目次

一章　心

二章　技

三章　体

この仕事は、長く、きびしく、つらい。ときには危険さえ伴うこともある。なるほど、この仕事は、男たちが遊ぶ（プレーする）ゲームにすぎない。しかし彼らは、いわゆる遊び半分の気持ちでこの仕事をこなしているわけではない。だからこそ、男たちは成長し、その技術も磨かれていくのだ。

——『野球術』ジョージ・F・ウィル著

一章　心

プライベート

しぶとくつづいた冬の長雨がやんだばかりの午後だった。ＪＲ博多《はかた》駅近くのホテルのロビーに約束した時刻どおりに現れると、右手を差しのべながら中田翔《なかたしょう》は微笑《ほほえ》んだ。

「おつかれさまです」

そういう彼は、言葉どおりの疲労感を漂《ただよ》わせていた。長く苦しかった二〇一七年シーズンのペナントレースを終えたばかりだというのに、休むことなくここにいた。知人が主催する少年野球教室での指導を依頼され、自宅がある北海道札幌《さっぽろ》市から千四百キロ以上もの距離を飛行機で縦断してきた。上空では眠っていたらしく、地上でもまだ瞼《まぶた》が重たそうだった。

大きめの革ジャンパーとダメージジーンズ姿。少年たちの球を受けるために持参したグローブが入っているキャリーバッグを左手に曳《ひ》いていた。つばが平らな帽子を頭に被《かぶ》ってはいるが、マスクもサングラスもつけていない。

一章
心

その逞《たくま》しい体躯《たいく》と疎《まば》らに蓄《たくわ》えた髭《ひげ》、そして鋭い眼光とで、野球ファンなら一目で彼とわかる。所属球団のファンはもちろん、他球団のファン、ひいては野球を知らない者にまでその名と顔が知られている、数少ないプロ野球の現役スター選手だ。ホテルにいる客たちの視線が集まり、なかにはスマートフォンのレンズを向けてくる者もいた。

「しないですね」

顔を隠したりしないのか、という問いに、彼はかぶりを振った。

これまで多くのアスリートとこうした場所で会話してきたが、衆目を嫌う者が多かった。彼はしかし、顔を隠そうとしない。

「夜道で顔にカメラを近づけてフラッシュを焚《た》かれたときは、怒りましたよ。僕の仕事は眼が大切なので。それと、家族ですね。娘をパチパチやられたときは、スマホから写真を消してもらったこともあります。娘を撮って、なにしようとしとんねんと。普通の人にやっちゃあかんことは、僕の家族に対してもやっちゃあかんことでしょ？　でも、それ以外は気にしません。気にしていたら、きりがないですから」

彼の職業に、プライベートなどない。

たとえば、いまこのときも、ホテルのロビーでサインを求められても淡々と応じていた。しだいに人集《ひとだか》りができたが、相手が少年なら膝《ひざ》を折って眼線を合わせて握手している。最後の一人になるまでペンを走らせ、「おしまい」、といってようやくラウンジへと歩きだす。

もう十年以上、いつでも、どこでも、このようなことをつづけている。それがどれほど煩《わずら》わしいことか、一緒に街へ出ただけですぐに気づかされる。見知らぬ人からの「すみません」の一言にはじまり、握手、サイン、写真をせがまれ、行動も思考も停止させられてしまう。

けれども、自身が中田翔であることから、彼はいささかも逃げることがない。顔を晒《さら》して歩くことによって生じる一切の事柄を、堂々と引きうけている。

それは、自身が凡退したり、チームが惨敗したり、シーズンを優勝できずに終えたその直後の、気持ちが暗く沈んだ、街路や空港やホテルであったとしても。

一章 心

イメージ

ラウンジの深いソファに身を沈めると、注文したコーヒーに手をつけることなく、中田翔はこちらを見つめていた。

ときに彼は報道陣を寄せつけないことがある。的外《まとはず》れな質問には露骨に嫌悪を示し、たとえ記者が歳上であろうと答えない。名乗《なの》らずに初めて質問してきた礼儀を欠く記者には、何カ月経とうが一言も話さない。球界に少なくなった報道陣にとっては面倒な、しかし、真っすぐな選手だ。

「話せば記事にしてもらえるのはわかるんですけどね」

シーズン終盤の試合後、記者たちを素通りすることがあった。その理由を訊《き》くと、私がこれから書こうとしている本書の趣向の一部を、くしくも彼自身が語ってくれているように思えた。

「中田イコール、やんちゃ、ビッグマウス、面白《おもしろ》おかしく書きましょう……そんなの、もうぃい。好き勝手に書かれて、いってもいないことまで記事にされたりもしてきました。僕も若い頃は、べつにいいたくないことでも、ちょっと大げさに話してみたこともありました。周りが勝手に作った僕のキャラに応《こた》えていこうとしてしまっている自分もいたので。……でもね、それがすごく情けなく、ばかばかしく思えたし、疲れました」

だから、もうそういうことは、やめたという。

「しゃべりたくないことは、しゃべらない。しょうもない質問には、『しょうもない質問ですよ』という。他の選手は大人で、どんな質問にもちゃんと対応しているのかもしれないですけど、僕はまだ、それに関しては大人になりたくないですから」

マスコミが伝える外面的な印象と、私が知る内面的な表現とが、これほどまでに乖離《かいり》している選手はいない。豪快で、太々《ふてぶて》しく、大胆で、やんちゃなイメージが、とりわけまだ若かった頃の彼にはあった。求められるままにイメージどおりの言動を、自身がしてしまっていたことも、前述の告白のとおりあったのだろう。

しかし、これから本書で綴《つづ》ってゆく、闘《たたか》う過程における彼が、心の奥底から吐露《とろ》した言葉の数々は、従来とは異なる、繊細で、謙虚で、慎重で、真面目な、まったく別種のイメージを感じさせもするだろう。

高校時代に通算本塁打記録を塗りかえて「平成の怪物」と称された。プロ入り後も二度の打点王に輝き、北海道日本ハムファイターズを日本一に導いた。日本代表としても中軸打者として活躍した彼は、まさに球界を代表するスターである。

けれども、私が書きたいのは、スターの輝きばかりではない。むしろ、彼のような、実績があって誰よりも剛毅果断《ごうきかだん》に見える選手さえ、想像を絶する重圧と葛藤《かっとう》のなかで、ときに胸が締めつけられるほどに切《せつ》なくなる、苦しみや迷いや痛みがあるという事実だ。

どれだけ懸命に尽くしても、期待に応えられずに失敗してしまうことがある。落胆する万余《まんよ》の観衆の溜息《ためいき》を浴びながら、凡打して打席をあとにするとき、あまりの不甲斐《ふがい》なさに俯《うつむ》いてしまいそうになることもある。数えきれないほどの敗北にまみれ、それでもまた、否応《いやおう》なく試合は巡《めぐ》ってきて、どうにか自己を奮《ふる》いたたせ、また打席へと向かい、投手と対峙《たいじ》する。

逃げない心で闘いつづけている、そんな彼の勇気を記すのもまた、プロ野球選手という仕事の本質を伝えることになると信じている。

「プロ野球という世界で闘っているのは、僕たち選手です。スタンドでファンのみなさんが見てくれていますけど、僕たちにしかわからない悔しさとか苦しさとか、そういう感情が、やっぱりあるんですよね。

もう僕は、あえてファンを増やしたいとか、僕を嫌いな人にまで好きになってもらおうとは思っていません。べつに僕の感情なんて知らずに、スタンドから野次《やじ》る人がいたって構いません。

でもね、僕を、ほんとうに応援してくれている人たち、『中田翔、頑張れ！』と叫んでくれる人たちのために、これまで真剣に闘ってきた思いや、このプロ野球選手という仕事のことを、正直に伝えられればいいなって」

FA

一章
心

《中田翔　FA権行使せず　北海道日本ハム残留へ》

新聞各紙やテレビのスポーツニュースが一斉《いっせい》にそう報じた数日後、私は広島市内にある中田翔の実家へ赴《おもむ》いた。

シーズン終了から自主トレ開始までの、プロ野球選手にとっての束《つか》の間《ま》の休息を、妻や娘たちとともに彼は毎年実家で過ごす。

現在は母香織《かおり》さんが一人で暮らす家の二階の一室には、様々な年齢、様々な場面でのユニフォーム姿の息子の写真が所狭《ところせま》しと飾ってある。獲得したメダルやトロフィー、使用していた野球用具なども至るところに置かれ、そこはさながら「中田翔記念館」といった趣《おもむき》で、母の愛情が伝わってくる。

母と妻が手作りする夕飯を待ちながら、居間のダイニングチェアに腰掛けている彼が、プロ入り後初めての大きな選択について語ってくれた。

「もちろん、いろいろ考えました。ようやく獲得した権利なので大阪へ戻りたいなと思ったりもしたし、まあ、どこへ行こうと、自分の気持ち次第だと思っていたんですけどね」

フリーエージェント（以下FA）。

その権利を獲得した選手は、所属球団との契約を解消し、他球団と自由に契約を結ぶことができる。それは一軍在籍累計八年（通算千百六十日以上）を経過してようやく手にできる、一流選手の証《あかし》でもある。

二〇〇七年のドラフト会議で大阪桐蔭《おおさかとういん》高校から入団した彼は、むろん所属球団を選択することができなかった。広島で生まれ、高校からは大阪で育ったが、北海道という見知らぬ土地で「就職」することになった。そこで十一年間勤めあげ、二〇一七年八月十七日、ついに球団を選択できる立場になった。FA予定選手としての動向は、二年も前から注目されていた。

ところが、権利を取得した二〇一七年は、実質的に自己最悪のシーズンに終《お》わった。

第四回ワールドベースボールクラシックに日本代表の主軸打者として出場後、ほぼ休息なしで迎えたシーズン開幕から深刻な打撃不振に陥《おちい》ったのだ。七月以降、打率が二割三分を割ると、五年連続二十本塁打、三年連続百打点以上という数字もこの年に途絶《とだ》えた。最終成績は、二割一分六厘、十六本塁打、六十七打点だった。

「自分の成績よりも、自分が活躍できずにチームが優勝できなかったことのほうが悔しかったです。応援してくれたファンに申しわけない気持ちでいっぱいで……。

何のために野球をやっているのかと訊かれれば、それはもちろん仕事ですから、稼ぐため、家族のためではあるわけですけど、それだけじゃない。こんな苦しい野球をいまでもつづけられるのは、やっぱり僕のなかに、勝つためにという気持ちがあるから」

主砲が打撃面で貢献できなかったその年、チームも五月に五位に転落してから、順位を上げることができなかった。最終的にリーグ優勝した福岡ソフトバンクホークスに、三十四ゲーム差の五位という屈辱的な成績に終った。

「ほんとうに悩みましたね。ＦＡ権を取得したからといって、このまま他球団へ移籍してもいいのかと。不甲斐ない成績のまま、応援してくれている人たちがいるのに、裏切って去っていってしまっていいのかと」

横断幕

中田翔の実家には、北海道日本ハムファイターズの応援グッズが数多く置かれている。それは母香織さんが息子のみならず、息子が所属する球団ごと応援していることの表れだ。香織さんは野球をほとんど観戦したことがなかったが、小学二年生から息子がはじめたのをきっかけに息子のチームを応援するようになった。息子が大人になっても野球を職業にしたことで、観戦は現在でもつづいている。

息子にとっての苦しみのシーズンも、この実家の居間にあるテレビでチームを応援した。走者が塁に満ちている好機に凡打し、悔しげに肩を落とす姿が画面いっぱいに映しだされても、目を逸らすことなく見つめていた。

「翔が足掻《あが》いている姿は、私の眼にも苦しそうに映っていました。それでもね、ファンの方々が一生懸命応援してくださっていることに、私はいつも胸がいっぱいでした。翔本人にも、どうにかせんと、という苛立たしさが見えるんですけど、なかなかうまくいかないようでしたね」

そのシーズン終盤のある試合、いつものとおりテレビを見ていた香織さんは、おもいがけない光景を眼にした。急いでスマートフォンを手にし、テレビ画面を撮影した。それを試合後に息子へと送信し、「これ、どういう意味？」と訊いた。

それは、彼が打席に立ったとき、応援席に掲げられた横断幕が映った画面だった。横断幕には黒字一色でこう認《したた》められていた。

《お前が必要　中田翔》

息子からの返事は、「FAのことやろ」とのことだった。

そのとき香織さんは、翔がこれほど不調なときにでも、ファンが背中を押してくれていて、来季以降の残留を願ってくれていることを初めて知った。

「そのやりとり以降も、ずっと翔は調子が悪いままでした。それなのに、打席に立つたびにファンの方があの横断幕を掲げてくれていて、それがテレビに映ると、じんとして、大《おお》袈裟《げさ》じゃなく涙が出てきました。それからは、たまに翔が打っているとき、歓《よろこ》んでくれているお子さんがテレビに映ったりすると、動画を撮《と》って翔に送りました。ほら、見てごらん。あんた、こんなに応援してもらっとるよと。結果はどうあれ、やるしかないよねと。既読スルーされることもありましたけど、あの子には、きっと伝わっていたと思うんです」

母香織さんにとっても、長く苦しかった二〇一七年のシーズン後、FA権を行使するか否《いな》か、他球団へ移籍するか否かの相談が、この実家の居間で、中田翔本人と代理人との間で行われた。

FAには行使期限が定められており、日本シリーズ終了翌日からの七日以内にコミッショナーへ申請する必要がある。代理人のもとには複数球団から彼を獲得したいとのオファーがあり、彼は決断を迫られていた。

「そこでなにが話されていたか私は知りません。もちろん口出しをするつもりはなかったですから。翔が決めたことなら、また応援するだけ」

代理人との相談の場には同席しなかったが、部屋から出てきた息子に伝えた。

「あれだけ結果が出ずに不甲斐ない成績で、そのままチームを出ていってしまって、ほんとうにええの？　まだこれからもつづく野球人生、あれだけ応援してくれた方々のために、もういちど、勝負してもええんじゃないの?」

香織さんは、まだ翔が物心《ものごころ》つかないときに離婚し、女手《おんなで》一つで長男龍《りょう》と次男翔、二人の息子を育てあげた。「母子家庭だから」とレッテルを貼《は》られるのが嫌《いや》で、物事から逃げたりせず、いつでも正直に最後までやりとげることを幼い頃から厳しくしつけた。

彼が中学生のとき、練習をさぼって遊んでいたのを見て、野球道具一式をゴミ袋に入れてしまったことがあった。だがしばらくして、「また野球をやらせてほしい」といってきたとき、車のトランクに隠しておいた道具を渡してこういった。

「途中で諦《あきら》めたら、ぜったい許さんよ」

息子に厳格なだけではなかった。事務職をしていた会社から帰宅後、急いで夕飯を拵《こしら》えると公園での息子の練習を毎晩見守った。

あるシーズン中、「母の日」が近いゴールデンウィークの試合後、香織さんについて会話が及ぶと、彼がこんなことを語ってくれたことがある。

「やっぱり、野球はしんどい。なんでこんなスポーツを選んでしまったんだろうと思うときもあります。でも、野球がいちばんお金をもらえるってことは、たぶん子どもごころにわかっていたんです。オカンを楽にしてあげたいと、ずっと思っていましたから。僕ら兄弟に飯を食わせるために必死に働いているオカンの姿を見てきたし、ふつうの家庭とそんなに差をつけないように努力をしてくれていたのを、僕は感じていましたから。それに、オカンは、辛そうだったり苦しそうだったり、そういう姿を僕らには見せたことないんですよね。

ただ、僕らに好きなものを買ってあげられなかったという気持ちは、あっただろうし……。僕、いまでも憶《おぼ》えているんですけど、小学五年生のとき、『新しいグローブを買って』とねだったことがあったんです。みんなはいいグローブを持っているのに、僕だけは古くて、ランクも下のやつで。そうしたらオカンは、『買えない、ごめんね』って。

でもね、オカンは小学生の頃から練習に毎晩来てくれて、寒い日はコーヒーを温めてね。あのオカンじゃなかったら、間違いなく、いまの自分はいないと思っています」

その「母の日」が近い試合では、同時に「こどもの日」が近かったこともあり、対戦相手の千葉ロッテマリーンズの趣向で、イニングの合間のイベントとして各選手の《子どもの頃のヒーロー》が大画面に映しだされた。《ウルトラマン》《ドラゴンボール》《ドラえもん》など答えは様々だったが、その回答はホームチームの千葉ロッテの選手だけで、北海道日本ハムの選手のヒーローが映されることはなかった。

試合後、気になって子どもの頃のヒーローは、と彼に訊《たず》ねてみた。

「イニングの合間にあの画面をぼうっと見ながら、自分にとっての子どもの頃のヒーローは誰だろうと考えてみたんです。やっぱり、すぐに浮かんでくるのは、オカンです。ヒーローというか、尊敬できる人。それは、いまでも変わらないですけどね」

FA権の行使や移籍について、香織さんは息子からなにも答えを聞かされなかった。

しかし、これから記者会見に臨むというその直前に電話が鳴った。スマートフォンの画面を見ると息子からだった。

「出てみると、球団のGMさんが電話口に出られて、『いま、来季以降も、うちで頑張ると、本人にいってもらえました』と。ああ、わかってくれたんだなと。でも、きっと、私なんかがいわなくても心には響いていたんだなと思いました。あの横断幕を見て、あの子がなにも感じないわけないですから」

「最悪のシーズン」の翌二〇一八年、すなわちFA権を行使せずに残留した最初のシーズン、彼は自らに《がむしゃらに》という主題を掲げた。

栗山英樹《くりやまひでき》監督から新たなチームキャプテンに任命され、開幕戦から四番としてチームを牽引した。成績は、打率二割六分五厘、二十五本塁打、百六打点だった。チームは三位、クライマックスシリーズに出場したが、二年ぶりの優勝はならなかった。

そのシーズンも、例年のように、自費で札幌ドームでの観戦券を購入し、道内の母子家庭の母子《おやこ》を、彼は招待している。

開幕戦

シーズンオフと呼ばれる十一月に行われる秋季キャンプ。ベテラン選手は参加せずに休養に充てることも多い。中田翔も不参加だったが、とはいえ休むことはしない。シーズン中は維持程度にしかできない筋力トレーニングを、この時期に徹底して行う。腕や胸、脚や腰、そして体幹など、部位を変えながら連日バーベルと格闘《かくとう》して汗みずくになる。

年始のほんの数日だけ身体を休めているときでさえも、野球のことが頭から離れることはない。二〇一九年は大阪で、同級生との初詣《はつもうで》で寺社仏閣を四つもはしごした。

「神頼み、けっこうします。そういうの信じるほうなので」

それのみならず、府内の寺院で護摩業《ごまぎょう》も例年行っている。それは密教《みっきょう》における火を用いる儀式で、煩悩《ぼんのう》を焼きつくし、祈願成就《きがんじょうじゅ》の祈りを捧げる修行の一つとされる。仏閣の天井に届くほどの紅蓮《ぐれん》の炎《ほのお》のすぐ近くで、白装束《しろしょうぞく》で正座したまま真言《しんごん》を唱《とな》えつづける。頬《ほお》は火照《ほて》り、鼻の穴は煤《すす》で黒くなり、足は痺《しび》れ、なにより熱さが耐えがたい。高校の後輩でもあるプロ野球選手を誘った年もあったが、翌年から来なくなった。そんな荒行を、プロ入り三年目から七回も、彼はつづけている。

「自分の願いを真剣に考えて、その火が炊《た》かれているあいだに、今シーズンはこういうふうにやろうと精神統一しています」

　プロ入り三年目からだと八回になるはずだが、七回と記したのは誤《あやま》りではない。一回だけどうしても日程の都合がつかずに行わなかった年がある。それが、あの「最悪のシーズン」だった。

「よくよく考えたら、あの年だけ行っていないんです。鳥肌が立つぐらい、ぞっとしました。いままでずっと行っていたのに、行けなかったあの一年で、自分の記録がすべて壊れているんです。それまでは、レギュラーで出だしてから二十本塁打以上打ってきて、百打点も三年連続だったのに……。だから、怖くなって翌年は行ったんですけどそうしたら、二十本塁打以上、百打点以上に戻りました。今年も行きましたけど、まだシーズンの結果が出ていないから、どうかわからないですね」

　プロ野球選手の仕事ぶりは、毎シーズン終了と同時にリセットされてしまう。昨季活躍できた者が今季も同様とは限らない。「最悪のシーズン」の彼がそうだったように、一流選手がずっとそうでいられる保証もない。過去の実績や経験も、現在の不確実な数字の前ではいささかの気休めにもならない。

そうした不安が、選手を練習へと駆《か》りたてる。プロ野球のレギュラー選手にまで上《のぼ》りつめた彼らが、そこからさらに技術的、肉体的に大幅に成長する奇跡など起きにくい。残されている余地は、精神分野にあり、こうした初詣のはしごや護摩業の荒行《あらぎょう》も、彼にとっては野球のための重要な行為といえよう。

こんなにまでのプロ野球選手の一途《いちず》さを、滑稽《こっけい》だと一笑に付すことなどできない。なぜなら、彼らは戦いにゆくからだ。開幕戦がひとたび始まれば、大観衆の誰からも頼られながら、自身は誰にも頼れない。ただ鍛えぬいた己《おのれ》の力と、そして神仏がいるとするならば、その力を信ずるほかない。

ほんの短い年始のオフを終え、そこから一月の自主トレーニング、二月のキャンプ、三月のオープン戦を経て、開幕戦を迎える。

開幕戦——。

それは彼らにとって、一四三分の一試合か、それとも、一分の一試合か。

「後輩には、『一四三試合のうちの、たかが一試合目や』というんです。僕が若いときにもそういわれていましたから。稲葉《いなば》（篤紀《あつのり》）さんとか先輩たちから、『緊張することない、おまえらしくやればいいよ』と。だから僕も、後輩にはのびのびとやってほしくて、そういうんです。だけど、本心はまったく違います」

本心を隠すところに、彼の後輩への思いやりや、チームの伝統が滲《にじ》む。

「本心は、めちゃくちゃ緊張しています。レギュラーシーズンの他の試合とは比べものにならないくらいに。あえて比較するなら、日本シリーズと同じくらいかな。やっぱり、いいスタート切りたいと思っているし、特別な気持ちですよね。それに試合前にセレモニーがあって気分も煽《あお》られますしね。一打席目、二打席目までは緊張がつづいているかな。三打席目、四打席目となると少しずつ解《ほぐ》れてきて……」

二〇一九年の開幕戦、三月二十九日、地元札幌ドームで行われたオリックス・バファローズ戦。キャプテン就任二年目の彼は、試合前に組まれた円陣の中心で叫んだ。

「一四三試合のうちの、たかが一試合目！」

しかし、「そういった自分がいちばん緊張していたかも」という第一打席、空振り三振。第二打席、ショートフライ。

「少しずつ解れてきた」という第三打席はレフトフライ。第四打席もセカンドフライ。

そして、四対四のまま延長戦に突入して迎えた第五打席だった。

プロ野球の開幕戦史上このうえなく劇的な一打で、シーズン最高のスタートを彼は切った。

四番勝負

前もって読者にお断りしておくと、本書では球場で起きた事象の描写には、なるべく稿を割かないように努めようと思っている。そうした表層的なことは実際に球場の観客席やテレビでそれを見た方々の記憶や、新聞雑誌やインターネットに留められている。限られた枚数で伝えたいのは、大観衆が見つめるプロ野球選手の、しかし見えはしない深層的な感情や理性、行動や思索についての対話にある。

さて、中田翔にとって十二年目のシーズン開幕戦。

札幌市内の自宅から、縁起物の尾頭《おかしら》付《つ》きの鯛《たい》を食して札幌ドームへと出陣した。

彼は、打ったのだ。

しかも、最高の場面で。

同点で迎えた延長十回、一死三塁。相手首脳陣の作戦を、彼はベンチから冷静に予想していた。

「これ、二人歩かされる、そう思いました。塁を埋めた上で、併殺の可能性が高い僕で勝負してくると」

相手にすればクリーンヒットはもちろん、内野安打でもスクイズでも、三塁走者を生還させて一点でも失えばサヨナラ負けとなる。昨季盗塁王の二番打者西川遥輝《にしかわはるき》や、八回に同点の左前二点打を放っていた三番打者近藤健介《こんどうけんすけ》よりも、「四番勝負」を選択してくる可能性が高いと彼自身は踏んだ。

はたして相手ベンチを出た西村徳文《にしむらのりふみ》監督が二本指を出し、球審に申告敬遠で二人を歩かせる満塁策を告げるところを彼は見た。

開幕戦の緊張もあり、前打席まで四打席凡退していた。満塁にされて四番勝負を挑まれ、もし内野ゴロなら併殺打で好機を潰《つぶ》してしまうことになる。一四三試合分の一などではけっしてない開幕戦で、この四番勝負に敗《やぶ》れるようなことがあれば、彼にとってはもちろん、チームにとっての痛手《いたで》も大きい。

野球は、一時的で急激な感情の動き、すなわち情動《じょうどう》があるからこそ面白い。ネクストバッターズサークルでバットを握りしめる彼からは、開幕戦の緊張も、四番勝負の重圧も消えていたという。

「ベンチに座っている段階から、申告敬遠は二人連続であると予想できていたのに、実際に二人も一塁へ歩かされるところを目の前で見ていたら、なめてんのか、このやろう、そんな気持ちを抑えるのに必死でした」

売られた喧嘩《けんか》なら買ってやる――。そんな心境だろうか。

「うん、それはありましたね。でもそれがあったから逆に、いっきに緊張感が吹っ飛んでリラックスできたのかもしれないですね」

二者連続の申告敬遠と四番勝負。そんな特殊な状況が彼にある選択をさせてもいた。

「これまで、僕、一発を狙ったことってほとんどないんです。でもこのときは、ヒットとか犠牲フライとかじゃなく、一発だけを狙っていました。向こうがあんな場面を作ってくれたから、スイッチが入りました。よし、じゃあ、やったろか、かかってこいや、そう思いながら打席に立ちましたから」

一発とは、むろん、本塁打のことである。

一発を狙って一発を打てる打者は、プロ野球選手といえども多くはない。

それができ得る彼が、開幕戦の、しかも延長戦で、それを試みた。

グランドスラム

カウント1—1から、オリックス岩本輝《いわもとあきら》が投じた三球目を、中田翔は左翼ファウルゾーンへ打ちあげてしまった。だが、犠飛には十分な距離があると思った左翼手があえて捕球せずに見送った。

「捕らないだろうなと。でも、犠牲フライなんかいらない。一発だけを狙っていましたから」

カウント2—2から、一四七キロの直球にバットを強振した。

打球が飛んだ瞬間、打席で彼は叫び、同時にスタンドは総立ちになった。

「打った瞬間、確信しました」

放物線を描いた打球が左中間席へ消えると、観衆四万百十三人の超満員のスタンドが揺れた。

耳を劈《つんざ》く大歓声のなか、劇的なグランドスラムを放って本塁へと向かった彼は、ヘルメットを宙に投げ、ナインが待つ歓喜の輪に飛びこんで本塁を踏んだ。後輩選手たちがいっせいにかけるウォーターシャワーを浴びた。

「最高でした。気持ちよかったなあ……」

プロ十二年目で初となる開幕アーチは、自身初の満塁サヨナラ弾でもあった。しかも、戦後だけでも七十四年に及ぶ長いプロ野球史上、開幕戦満塁本塁打は二十一本、開幕戦満塁サヨナラ本塁打は二本しかない。そして、開幕戦延長サヨナラ満塁本塁打となると、史上初の快挙だった。

チームとしては四年ぶりの開幕戦勝利。グランドスラムによって、スコアは延長戦ながら、七対四だった。

「いままでにないスタートが切れました」

このうえなく劇的な試合が、シーズンの自身やチームの成績を予兆《よちょう》することになるのだろうか。

「いや、それはないです。まったくないです」

あのホームランを思いだす感慨深げな表情を引きしめなおし、彼は強くかぶりを振った。

「その一試合、その一打席がよくても、その後にそれがつづく保証なんてどこにもないですから。いいことも、よくないことも、僕は切りかえます。だから、開幕戦の翌日には自分がサヨナラホームランを打ったということは、もう忘れています」

ではあの歓喜は、たった一夜限りのことなのだろうか。

「余韻《よいん》に浸《ひた》れるのは、その夜、眠るまでじゃないですか。翌朝起きて、同じ球場へ行って、『昨日、ナイスホームラン！』といわれても、なんのこと？ みたいな感じです。はいはい、今日これから試合なんだから、余計なことといってんじゃないよと」

開幕戦が終われば、つぎの一四二試合分の一が始まるだけ。

翌日、あの揺れたスタンドの大歓声が幻《まぼろし》のように、まだ観客が誰もいない球場で選手たちは練習を始める。

シーズンは、この興奮と静寂のくりかえし。

新たな観客が入れば、また新たな歓喜を求められる。

先は長い。

併殺打

開幕戦から半月以上が経過した、四月二十日の千葉ロッテ戦。五回無死から先発ボルシンガーの内角高め百三十八キロの直球を捉え、中田翔は本塁打を放った。十七試合、七十四打席ぶりとなる第三号だった。

試合後にもかかわらず宿舎での素振りを終えてきた彼に、開口一番、本塁打の祝福をした。だが、握手に力はなく、表情も明るくはなかった。

「打った瞬間の感触は、逆方向にしっかり振りきれていたし、もう余裕でスタンドかと思っていました。でも外野手の打球の追いかたを見て、あれ？　うわっ、怪しいなと。あの球場、上空は順風でも、低めの打球は外野奥の壁が抜けたようになっているから戻されるんです。スタンドで観客が感じる風と、フィールドに立っている僕らが感じる風が真逆で。だからぎりぎり入ってくれた瞬間、ほっとしました」

ＺＯＺＯマリンスタジアムの既存のフェンス前に今季新設された、「ホームランラグーン」と呼ばれる観客席の右翼側に打球は吸いこまれた。彼の表情が浮かないのは、ぎりぎりの一発だったからではもちろんない。

「自分のホームランのことなんて、どうでもいいんです。それよりも最後でしょ。最悪ですよ」

「最後」と「最悪」というのは、その試合の最終回、二点を追う無死一塁の好機での最終打席。ピッチャーゴロの併殺打に終ったことだ。チームは彼のソロ本塁打の一得点のみの一対三で、今季十敗目を喫した。彼はそれを自責しているのだ。

「今日のホームラン、入ってくれ、とも思わなかったし、ああ、やっと三本目が出た、とも思わなかったです。これがきっかけになってくれたらいいなと、それだけです。三本目が欲しくてやっているわけじゃない、シーズンが終ったときにチームがどうなっているか。だからこそ、いまはきっかけが必要なんです。ホームラン一本ぐらいで全然喜べません。それよりも最後のゲッツー、最悪でしょ」

プロ入りできても、一本の本塁打もなく引退する野手も少なくない。彼の本塁打数は、この第三号で通算二百五号にもなる。だがそんなことよりも、チームの勝利のために必死なのだ。ゆえに最終打席、チャンスを潰してしまった一つの併殺打のことのほうが、悔しくてならないのだろう。

「やれることはすべてやっているし、それでも結果が出ない。もうあとは運しかないとか、出るときは次々と簡単に出るだろうとか、心のなかで冷静に思ってはみるんですけど、さすがに打てない日がつづくと精神的に堪《こた》えます。期待してくれているすべての人への申しわけなさもあるし、自分に対しての不甲斐なさもあるし、オフの期間にあれだけ練習してきたのにという苛立《いらだ》たしさもある。まあ、ほんとうに情けないことだけど、僕もやっぱり、人の子なんでね」

スロースターター

不調が長引いても、翌日も試合は行われ、打席は巡ってくる。

「なにを試しても、なにを変えても、どうしても打てないというときがあるんですよ、毎年。そこをどれだけ辛抱強く耐えられるか。そんなときは、打席が多すぎるよ、一打席でいいよ、そんなふうに思ってしまうこともあります。凡打して恥をかきたくないですし、出るからにはファンにいいところを見せたいという気持ちで僕らはフィールドに立っていますから」

むろん、打席は復調に欠かせない貴重な機会であることも彼は理解している。

「こうしてレギュラーとして、ずっと試合に出させてもらっていることで復調のきっかけを得やすいのも事実です。一試合に四打席、五打席と立てるわけですから、それはありがたいなと思います。ホームランじゃなくても、ポテンヒットでも、ファウルでも、空振りでも、きっかけはなんでもいい。1スイングでわかるんです。あっ、いまの感覚、めちゃくちゃいい空振りができたとかね。するとそこからは、どんどん打ちだすことができますから」

　彼は、いわゆるスロースターターといえる。毎年春先にはこれに似た状況に陥り、そして気温が上がってくるのに合わせるようにして復調し、夏場以降のペナントレースの重要な時期には活躍が顕著になる。

　チームを日本一へと導いた二〇一六年も、春先から不調に喘《あえ》いだ。六月後半に試合途中で代打を出され、その後の二試合では先発から外れた。

　しかし、夏が来て、八月からは三試合連続本塁打になる二十号を放つなど復調。最終的には三年連続百打点以上となる百十打点の自己ベストを達成して打点王に輝いた。しかも秋になると、広島東洋カープとの日本シリーズで全試合四番として出場し、第三戦では三打点、第四戦ではソロ本塁打、そして第六戦では日本一を決める決勝点を挙げ、チームを日本一へと導いた。

「僕は毎年スタートがあまりよくないんです。今年は開幕がよかったのでこのままいければ、と思ってみたりもしたんですけど、やっぱりそんなにうまくいかないですね。もちろん、シーズン通してコンスタントに打てるのがいちばんいいわけですけど、打てないときはどうしてもあるわけで。

だから、いまの状態は特別悪いわけではないともいえます。あまり深くも考えないようにしています。突きつめすぎても、長いシーズン、精神的にもちませんから。僕らの世界、ドツボにはまると、えらいことになってしまうので」

この「えらいこと」については後述する。

ともかく、好不調波は誰にでもある。

春の彼は、じっと耐えしのぶ。

復調のきっかけを待ちながら。

溜息

中田翔が安打や本塁打を放つと、札幌ドームの観客席は大きな歓声に包まれる。「翔《ショウ》タイム」と呼ばれる彼の一打はことのほか盛りあがり、その瞬間を楽しみに足を運ぶファンも多いことだろう。

その一方、彼が凡打や三振に倒れると、札幌ドームの観客席は大きな溜息《ためいき》に包まれる。それは、彼の耳にも届いている。

「札幌ドームで野次られたことは、間違いなく僕がいちばん多いです。でもね、野次よりも、溜息のほうが僕にとってはきついんです。ほんと、きついんですよね」

それはきっと、溜息が野次とは異なり、悪意のない期待の裏返しであるからではないだろうか。

「そうかもしれないですね。そのファンのみなさんの期待に、打って応えたい、とは思っているんですけど、いつも打てるわけではないですから」

フェンスを隔《へだ》ててはいるものの、大観衆からの溜息を浴びる選手は、同じ空間に存在する生身の人間だ。

人間だからこそ、成功もあり、失敗もあり、そして感情もある。

「僕もそんなに精神的に強い人間ではありません。もし、何万人もの観客に期待されて、それを裏切ってしまっても平常心でいられる人間がいるなら僕は知りたいです。そんな人間、いないんじゃないかな」

この日も、彼が三塁ゴロを打った瞬間、観客一人ひとりの溜息が束《たば》になって満員の札幌ドームの天井に反響した。

アウトになることがわかっていても一塁へと走る彼は、はたしてアウトを塁審に宣《せん》されると、一塁ベースの先のファウルゾーンで走りを緩めながら天井を見上げた。

そして、彼は、自分自身に小さく溜息をついた。

彼に期待しているのは、誰よりも、彼自身であるのだろう。

応援歌

日本のプロ野球ではレギュラー選手ともなると、それぞれに応援歌がある。

トランペットやメガホン、それに声を揃えた歌で打席に立つ選手を鼓舞し、激励する。

以前、あるプロ野球選手に、応援歌がどれくらい助力となるものか訊ねたことがあった。プロ生活十年になるその選手の、自分の応援歌の旋律も歌詞も知らない、という答えに驚いた。打席では集中しているから、なにも耳に入ってこないのだ、という。

ゆえに、応援歌とは選手のためというよりもファンの愉《たの》しみであり、ファン自身のためのものかと、そのときには感じたものだった。

同じ質問を中田翔にもしてみた。

応援歌がどれくらい助力となるものか。

答えは、前出の選手とはまったく異なるものだった。

「もちろん聞こえていますよ、僕は」

そういうと彼は、あの旋律にのせて小さな声で口ずさんでくれた。

勝負決める一振り
血と汗の勲章《くんしょう》
その手で夢掴《つか》め
さぁ翔《はばた》け中田

あらためて聞くと粋《いき》な歌詞だ。勝利打点を、一打ではなく一振で決めると表現しているところは、彼のこだわりをよくとらえている。ひたむきな努力や高らかな目標を讃えつつ、そして彼の名にかけて「さぁ翔け」と美しく結んで励ましている。

「歌ってくれていることはもちろんありがたいですけど、ファンが打たせてくれた、という気持ちは、僕にはないです。打っているのも、打てないでいるのも、自分の技量ですから。でもね、ファンの応援は、打席に向かう後押しをして勇気をくれているんです。盛りあげて気分を乗せてくれるし、よっしゃ、いったろか！　そう思わせてくれますから」

しかし、ときにはこんなことを思ってしまうというのも彼らしかった。

「普段だったら、ファンの声援がほんとうにありがたいものだなと素直に感じられます。

でも、調子が最悪で打てない日が長くつづくときには、それすらも感じられなくなるんです。ねえ、みんな、もう僕のときには応援しなくていいよ、どうせ打てないんだから声を出すのが、もったいないよって」

いや、おそらくファンは、声を出すのがもったいない、などとは思いはしない。打てないときにまでファンを思いやれる、そんな彼だからこそ、ファンは溜息を堪え、ひときわ大きな声で歌うのではないだろうか。「さぁ翔け中田」と。

連続無安打

中田翔には悪夢のような記憶がある。

二〇一一年、レギュラーに定着した最初のシーズン、開幕戦から六試合、じつに十九打席も連続無安打だった。二十打席目にセンター前へ運んで初安打をマークしたが、悪夢は翌年も再来した。

二〇一二年、四番を務めるようになったシーズンだったが、開幕戦から六試合、こんどは二十四打席無安打だった。二十五打席目に本塁打で目覚めるまで、前年以上に悪夢は長かった。

「いまだから話せる」と、連続無安打を振りかえってくれた。

「たとえば、開幕戦からそれなりに打っていて、しばらくしてからのノーヒットなら、また流れが来ると思えたかもしれません。でも最初から一本も出ずに、ずっとノーヒットは、ほんとうにきつくて……。球場へ行くのも、試合に出るのも嫌だったし、打席に立ちたくもなかったですね」

当時はプロでまだ実績がない若手だった彼は、一部ファンから激しく野次られつづけ、マスコミから厳しく叩かれつづけた。

「『やめろ！』とか、『給料泥棒！』とか……。あのときは冗談抜きで、ストレスで鬱《うつ》みたいになっていました。球場からの帰りの車でも頭のなかは野球のことしかなくて、しかも三振する自分の姿しか浮かびませんでした。下ばかりを向いていたというか。

試合中もネガティブなことばかり考えてしまって、またどうせ三振だろうからチャンスでまわってこないでくれよとか。なんでこんな俺が試合に出ているんだよとか。帰りの車で、もうこのまま消えてしまったら、どんなに楽だろうな、そう思ってしまうほどに苦しかった」

口数が減り、表情が失《な》くなった。心を閉ざしていると体にも異変が現れた。眼の下の皮膚が無数の湿疹《しっしん》で被われ、さらに朝ベッドから起きると、全身の皮膚がまるで脱皮した抜《ぬ》け殻《がら》のように剥《は》がれおちた。大学病院へ行くと強度のストレスによるものと診断されたが、またすぐに試合がある。打席が巡ってくるかぎり、ストレスがなくなるはずもなかった。

「ベッドが皮だらけになっちゃうから、長袖《ながそで》を着て、靴下を履いて横にならないといけないくらいで。あのすごい皮膚の量を写真に撮っておけばよかったなと、いまでこそ冗談いえますけどね。『おまえ、それどうした⁉』と稲葉さんが心配してくれても、『いや、よくわからないです』と無表情で対応してしまって。まったく余裕がなかったんです。学校や職場で物事がうまくいかずに鬱になってしまっている人、いっぱいいると思うんです。なんとなく、その人たちの気持ちが初めてわかりました。元気を出そうと思う気力すら、ないんですよね」

中田翔が、これほどまでに精神的に追いつめられていた。

栄光だけの人生などない。他者には見えない暗闇で苦悩するときが、誰にでもある。

二十五打席目、ようやく悪夢から目覚めると、シーズン初安打となる本塁打を放った。ベースを一周し、先輩たちから祝福された彼は、ダグアウトへと戻ってベンチに座ると、打ったばかりのバットに頭を擦《こす》りつけるようにして感謝した。

「長かったです、ほんとうに」

そのシーズン、最終的にはリーグ二位の二十四本塁打、リーグ三位の七十七打点、リーグ最多の十七勝利打点と活躍した。シーズン最後の連戦で連敗すれば二位埼玉西武ライオンズに並ばれる大一番では、2ラン、3ランを放ってリーグ優勝に貢献した。結果的にはこのシーズンから就任した栗山監督の、中田翔を中心に据えるチーム作りは奏功した。

「いままでも打てなかったらストレスは溜まりますけど、でも、あのときに比べたら精神的に病《や》むまではいかないですね。自分のペースでやればいいと思えるし、周りにごちゃごちゃいう人がいても、べつにいわせておけばいいやと。そうやって少しは割りきれるようにもなってきています」

折しも、彼からそんな話を聞いている最中、セントラル・リーグで珍しいプロ野球記録が生まれた。

東京ヤクルトスワローズの内野手廣岡大志《ひろおかたいし》が、開幕から四十一打席連続無安打で、一九六九年に西鉄ライオンズの浜村健次《はまむらけんじ》が記録したプロ野球ワーストに半世紀ぶりに並んだ。三振でタイ記録となった直後の廣岡は、「あかん。情けないです」と言葉少なだった。

高卒でこのプロ野球の世界へと飛びこんだ廣岡も、どれほどの辛苦を味わったことか。けれども、スワローズの新星が輝く日が、いつか来るかもしれない。連続無安打の悪夢から逃げなかった、その後の中田翔のように。

メンタル

不思議に思うことがある。

悪夢の開幕連続二十五打席無安打だった二〇一二年、開幕前のキャンプ時から足を大きく開くノーステップ打法がはまり、オープン戦の打率は三割六分八厘と安打を量産していた。

ところが、オープン戦からシーズン本番の公式戦に突入したというだけで、他にはなにも変わった要素がないにもかかわらず、ぱたりと安打がやんでしまった。

そして、一本の本塁打を契機にまた打ちはじめ、最終的には彼に相応しい成績となる。同じ一人の選手に、これだけの波長がなぜ顕《あらわ》れるのだろうか。

「一軍で試合に出ている選手はみんな、技術はもちろんあるんです。だけど、それが結果に及ぼす割合は、じつはそれほど大きくない。六割……いや、七割はメンタルだと僕は思っているんです。

メンタルが安定している選手というのは、打てていても、打てていなくても、結果に一喜一憂しません。そういう選手って、年間通して好不調の波が少なくて成績を残しています。たとえばうちの近藤を見ていても感じます。打てようが、打てなかろうが、やることが変わらずに凄いなと僕は思うんです」

たしかに、近藤健介《こんどうけんすけ》はシーズンを通して好不調の波が大きくない。プロ入り六年目の二〇一七年には腰痛に苦しんで規定打席に未到達ながら、打率四割一分三厘、出塁率五割六分七厘の驚異的な成績で話題となった。そんな近藤は、グラウンドで笑顔を見せていることが多い印象がある。

現在はともにクリーンアップを形成しているだけに、メンタルトレーニングをしているという後輩の心のありようを、中田翔は身近で見つめ、その強さを感じているのだろう。

「不調に陥ると、選手は技術力不足のせいだと思って悩みがちですけど、メンタルトレーナーがいたら、そこじゃないんじゃないですか？　あなたは実力はあるからプロで長年やってこられているんでしょ？　いまはメンタルが少し弱っているんじゃないですか？　そう気づかせてくれるのかもしれませんよね」

現在プロスポーツ界ではメンタルトレーナーの需要が増加しており、プロ野球でも各球団の主力選手の多くが個人的に契約している。

「どうしても人間がやることだから、メンタルに大きく左右されると思うんです。野球の知識はなくても、精神面を安定させることに関して学術的に勉強してきている人からまったく違った観点で、いまの自分の状態を指摘してもらえたら大きいですよね」

「心技体」のうち、技術や肉体のみならず、心のありようを彼は見つめようとしている。

プレーボール

プレーボール――。

いわずもがな、野球の試合開始を意味する言葉である。

球審によるその宣告のもと、この球技ははじまる。

遊ぶ、戯《たわむ》れる、そして、楽しむ。

playにはそんな意味があるが、中田翔にもプロ入り後しばらくは、そんな感覚がまだあったという。

「他のスポーツも得意でしたけど、小学生のときから野球にゾッコンでした。高校時代までは、投げるのも打つのも守るのも楽しくて。なんの悩みもなく簡単に打てていましたしね。プロ入り後も一軍で試合出られるか、出られないか、というときまでは楽しいという感覚がまだありました。高校野球の延長でね」

ところが、突如《とつじょ》として楽しさが消えうせたという。

「頻繁《ひんぱん》に一軍で試合に出るようになってから、野球は仕事だな、という感覚に変わりました。それからは楽しめたことがありません。そういったら大袈裟に聞こえるかもしれないけど、ほんとうのことです。

結果を残さないと飯《めし》を食っていけないという思いで、ここまでずっとやってきました。だから三年目に怪我《けが》をしたときは焦《あせ》りました。このまま首を切られたらどうしようと、正念場《しょうねんば》に立たされたというか。そんな状況では、楽しむことなんてまったくできなかったし、それはいまも同じです」

プロ野球は観る側にとっては楽しいものでも、プレーする側にとっては楽しいものではないのだろうか。

そう重ねて問うと、逆に彼から問いかえされた。

「僕、疑問なんですけど、仕事って楽しくできますか?」

どんな職業であれ、楽しいから仕事にしている人もいるのだろうが、たしかに仕事だからこそ楽しめない、という人も少なくないだろう。

「僕にとって野球は、ただの仕事です。生活するための手段。ふつうの会社員でも営業まわりとか接客とか接待とか、楽しいと思ってやっている人ばかりではないでしょ? それと一緒です。

こうして野球で生活をさせてもらっている、家族を養うこともできているから、野球には感謝しかないけど、じゃあ、うきうきと楽しみながらできているかといわれたら、それは、はい、とはいえないです。しんどいわ、球場行きたくないわ、そう思うことが、ほとんどですから」

野球は楽しいもの、という先入観がある。

しかし、それを仕事にするとなると、後述する技術面や肉体面はさておき、精神面だけをとっても、プロ野球選手ほど過酷な職業を他に見つけるのは難しい。

万余の期待を背負わされながら、首位打者でもおよそ七割はそれに応えられない。観客から直接罵倒《ばとう》されるだけでなく、責任は明確に数値化されて毎日公表される。

そんな残酷な「プレーボール」の宣告が、シーズンで百四十三試合もつづくのだから。

職業

「ふと、ほかのスポーツでもよかったかな……と思うことがいまでもあるんです」

スポーツ万能で、これだけ努力を惜しまない中田翔のことだ。野球ではなくとも、トップアスリートになれた可能性は十分ある。

「スポーツのなかで野球がいちばんしんどい。エラーをして点が入れば、あいつのミスで負けたと明確にわかるチームスポーツが、野球ですから。サッカーもバスケットボールも、野球ほど責任の所在が露骨ではないですよね。プロ野球選手のあいだで、『もうやめたいわ』という会話がよく飛びかいます。もちろん冗談も入っているんですけど、少しは本音も入っていて。それほどみんな苦しんでいますから」

多くの少年にとって、プロ野球選手は夢の職業だ。日が暮れて白球が闇に溶けてもつづけたくなるほどのゲームを生業《なりわい》にしているのだから。

けれども、プロ野球選手たちにとって、野球は夢などではなく現実の仕事であり、そこには苦悩がつきまとう。

「むかしみたいに楽しみながらグラウンドを駆けまわれたら最高ですけど、そんなことができるほど甘い世界なら、みんな毎年三割、五十本ホームラン打っていると思います。

プロ野球というのはアマチュアみたいに簡単なものじゃない。毎日必死に技術を磨いて、肉体を鍛えて、それでも失敗して、ファンを落胆させて……。

なんで、こんな恥ずかしい思いをしなければならないんだろう？　なんで、野球を職業に選んだんだろう？　そう思ったことが、プロ野球選手みんなにあると思います。だから、ときどき試合に起用されるような選手は別として、レギュラー選手は、野球を楽しんでいる、とはいえないんじゃないかな」

野球が職業に変わったときから、大好きだった最高の楽しみがなくなってしまう。

「むかしみたいに」――。

せつなさが滲む言葉だ。

億を超える報酬を得ているのだから、最高の楽しみをなくすことくらいどうということはないだろう――そういえるのは、ほんとうの野球の楽しみも、ほんとうの野球の苦しみも、知ることのない者ではなかろうか。

「これほど精神的に苦しい思いをするのならお金をもらわないでいい、そう思ったことさえあります。もし、同じくらいの年俸を稼げる職業があるのなら、もう野球をやめてもいいと。

でも、いまさら僕にはパソコンはできないですから。僕から野球をとったら、なにも残らないですから」

引退

楽しめはしない、職業でしかない野球。

ここで一つ疑問が生じる。

ベテラン選手が現役を引退するとき、彼らは、なぜ、涙を流すのだろう。

辛苦から逃れられたのであれば、安堵《あんど》こそあれ未練などないはずだ。

「僕もいろんな先輩から聞いて、わかったことがあるんです。プロ入りして、初めは野球が楽しいと。途中から楽しみが職業に変わって楽しめなくなると。でもね、一定期間を越えたら、また最後に楽しめる時期が来るらしいんですよ」

北海道日本ハムと、そしてメジャーリーグのサンフランシスコ・ジャイアンツで二十年間のプロ野球人生を全《まっと》うした田中賢介《たなかけんすけ》。その前年に引退を表明し、最後のシーズンとなった二〇一九年、ベテランは楽しげだった。

チームが連敗しはじめても、自身の出番さえないときでも、ダグアウトで笑顔を絶やすことなく多くの選手を声で鼓舞《こぶ》した。ときには絶好機に勇躍《ゆうやく》打席へと向かい、代打逆転本塁打で勝負を決めてみせたりもした。その姿は、幾多の苦しみから解放され、楽しみだけの野球に回帰した少年のようにも見えた。

その田中は、通算千四百九十九本の安打記録を残しただけでなく、引退スピーチでこんな言葉も残している。

「僕が壁《かべ》にぶちあたり、苦しくなったとき、父は……父は『賢介、逃げるな。正直に、真っすぐ生きろ。こつこつ努力すれば、かならず乗りこえられる』、そうメッセージをくれました」

引退間際には終始笑顔でプレーしていた田中にさえ、そんなときがあったのだ。

そして、引退セレモニーでは涙を隠さなかった。

涙に混《ま》じっているのは、安堵でもあり、未練でもあり、懐旧《かいきゆう》でもあり、後悔でもあり、そして、最高の楽しみをここまでやりつくせたという、感謝でもあろう。

その引退セレモニー、他のナインとともに田中の背番号「3」のシャツを身につけた中田翔は、最後のスピーチをする先輩と同じフィールドに立ち、その涙を見つめていた。

「一定期間を越えて、また最後に楽しめる時期が来る。賢介さんみたいにそこまでいけたら、プロ野球選手として、ほんとうにしあわせですよね」

四番

二〇一一年に初めてその座についてから、北海道日本ハムファイターズの四番は中田翔の指定席だ。

二〇一二年には全試合に四番打者として出場し、一九六三年の張本勲《はりもといさお》、一九八三年の柏原純一《かしわばらじゅんいち》に次ぐ球団史上三人目の全試合四番出場となった。その年パシフィック・リーグを制覇したことで優勝チームでの全試合四番出場となったが、それは一九六六年の南海《なんかい》ホークス野村克也《のむらかつや》まで遡《さかのぼ》らなければならない快挙だった。

彼にとって四番というのは、たんに四番目の打順を意味するのだろうか。

「四番目に打つだけ、そういわれればそのとおりかもしれないですけど、ただ僕の感覚では、四番は四番。四番目ではないです。四番であるということにプライドを持って、ずっとやってきましたから」

小学三年生のときに野球をはじめてから一貫して、いわゆる「エースで四番」だった。

大阪桐蔭高校時代も一年生の秋から同様で、もはや彼にはその打順が体に染《し》みついているようなところさえあるのだろう。

その彼も、プロ入り後は四番を外れたことがある。二〇一九年もシーズン序盤の四月十七日のオリックス戦で、五番を打つことになった。

「あたりまえですけど気分はよくないです。ずっと四番を打ってきて、いきなり五番になって、僕が打ちだすと二、三試合してまた四番に戻る。戻っても、自分のなかで気持ちを整理するのに時間がかかります。でも監督にはなにか意図があるんだろうな、と思うようにはしています。いろいろと考えてくれているのかもしれないですから」

四番から、五番へ。

それは彼にとって発奮《はっぷん》材料にもなり得るのだろうか。それとも逆にモチベーションの低下へとつながるのだろうか。

「両方ですね。よし、やったろうやないか！　と思うときもあれば、ああ、打てないから下げられているんやな、と思うときもあります。

正直なところ、いまさら七番、八番、九番を打つくらいなら、僕、試合に出たくないです。それぐらいのプライドはもう根付いているので。それなら僕を使うより、若手の活《い》きのいい選手を使ってあげたほうがチームのためにもなると思います、そんな言葉が出るかもしれません。四番を任せるのか、四番を外して試合に出さないのか、どちらかでいいです、僕は」

「エースで四番」だった者ばかりが集ったようなプロ野球の世界。

しかし、ここまでいいきれる強烈な矜持《きょうじ》と責任感を抱く四番打者はいるだろうか。

経験

プロ二年目の清宮幸太郎《きよみやこうたろう》が、七試合、十七打席無安打、打率一割台という極度の不振に喘《あえ》いでいたその日のことだ。試合前の練習中、中田翔がグラウンド上に座りこんで二人で話す姿があった。

「まあ、いろいろです。偉そうに技術的なことはいわないし、あいつはあいつなりの考えかたがあるから。バットのことだったり、精神面のことだったり」

これより五日前には、彼のバットを清宮が借りて打席に入ったこともあった。結果的に清宮の長い不振はこのあとも三十二打席つづいた。

自身も悪夢の開幕連続無安打をくぐりぬけてきた経験がある彼は、現在苦しんでいる後輩を思いやる。

「仕方ないです。まだ二年目なのに期待するほうがおかしい。ほんとうはのびのびとやらせてあげたいんですけど、チーム状況がね……。みんないっぱいいっぱいでやっていますから。2ストライクに簡単に追いこまれてしまっていて、初球から甘いところにきたらブンブンいくというあいつのよさが、出ていませんよね」

清宮に限らず、結果が出ていないときの打者は消極的になってしまいがちである。

「打てなくなると、どうしても塁に出たいからスイングが小さくなってしまうんです。ボール球を振ってはいけない、そう考えて簡単に追いこまれてしまうこともあれば、逆にカウントを悪くしたくない、そう考えて難しい球に手を出してしまうこともありますし。とにかく、いろいろ考えすぎると、いい結果にならないことのほうが多いですよね。

ましてや、僕らみたいにどんどん振っていくタイプは、2ストライクに追いこまれたら、調子が悪いときはどうしても三振が頭を過《よぎ》るんです。調子が良ければ、自分のスイングができるなら三振でもいいやと思えるんですけど。いまのあいつは、三振を怖がっているから振れなくなっているんじゃないかな。そこをなにかのきっかけで、ふっきれるようなことがあればいいんですけど」

しかし、連続無安打は誰にでも記録できるというものではない。たとえ長期間打てなくとも、打席が与えられて期待されつづけている打者、という証でもある。

「そう、苦しいだろうけど、こういう経験ができるのもごく少数なんですよ。並のバッターだったらすぐに二軍に落とされるし、こんなに注目されることはないわけですから。

なにかふっきれるようなことをいってあげたいんですけど、でも、悩んでいるのは本人だし、必死になっているあいつの気持ちも痛いほどわかるので。だから周りが好き勝手なことをいってはいけない、とも思うんです。この経験を超えなければ、一流のバッターにはなれませんから」

本塁打記録保持者の王貞治《おうさだはる》も、一九六五年に三十五打席無安打がある。

最多安打記録保持者の張本勲も、一九七三年に二十六打席無安打がある。

現在の連続無安打もいずれ過去の経験となり、未来の結果によっては、不名誉なだけの記録ではなくなる。

キャプテン

大阪桐蔭高校時代の中田翔の同級生で、当時バッテリーを組んでいた、埼玉西武ライオンズの捕手岡田雅利《おかだまさとし》を交えて食事をしていた。

「なんでこいつがチームのためにヘッスラしてんねんと。それもアウトになったとき、つぎの打者に『すまん……』とかいったりしていたんです」

岡田がそういって驚く「ヘッスラ」とは、ヘッドスライディングのことである。

このシーズンはしばしば見かけたが、高校時代、頭から滑りこんだ中田翔の姿など、岡田は見たことがなかったという。

「なかったです、マジで。いちども見てないです、高校のときには」

それがなぜ、怪我の危険性も高いヘッドスライディングを、プロになったいま、積極的にしているのだろう。

「やっぱり、ここにマークがつくと、ちゃうんかなと」

岡田は、胸を指差《ゆびさ》した。

「ここにマークがつく」とは、チームで唯一の存在であるキャプテンを示す《C》マークのことである。

キャプテンとして、あえて気迫を見せてチームを鼓舞したのだろうか。

その問いに、彼はすぐにかぶりを振った。

「いや、べつにヘッスラしようと思ってやってない。自然にやってしまっただけです」

彼がそういうと、元女房役は笑って取りあわなかった。

「こいつ、すごい恥ずかしがり屋だから、そんなふうにいうんですよ。でも、高校時代はそんなこと一度もせんかったこいつが、勝ちたいという強すぎるくらいの思いを見せていた。チームを背負っていたのは、ここにマークがついていたからですよ」

では、実際にキャプテンに就任した二〇一八年から、自身のことよりチームのことを考える機会が増えたのだろうか。

「いや、どうかなあ」

彼が答えずにいると、岡田が代わりに答えた。

「いや、あるやん。ぜったい、ないわけないやろ」

すると、ようやく語ってくれた。

「全然やる気なんてなかったですよ、キャプテンなんて。そもそも、野球にキャプテンは必要ないと思っていますから。野球は個人競技だとも思っていますしね。だから、チームをいい方向に持っていこうとかまでは考えていませんでした。ただ、キャプテンとして優勝したいと純粋に思っていましたけど……。それだけかな」

彼はキャプテンになる以前から、チームメートに「大将」と呼ばれている。

最初は「中田さん」「翔さん」などと呼んでいる後輩たちも、いつしか「大将」に変わってゆく。

気恥ずかしそうな横文字よりも、漢字二文字のほうが、しっくりくる。

ホームタウン

一章
心

戦後から、主に企業の広告宣伝という成立ちで継続してきたプロ野球は、昨今、様変《さまが》わりしてきた。

各球団によって地域社会に密着した活動が行われ、そこで暮らす人々の生活に野球が浸透しつつある。もはや球団は、企業だけのものではなくなっている。

二〇一二年に結婚して家庭を持って以降、中田翔は北海道で暮らしている。

球団が道民のものにもなったが、この北の大地も、彼や、彼の家族のホームタウンになった。

日本ハムファイターズが「北海道」を球団名に冠して十六年目の二〇一八年、大きな出来事があった。

九月六日午前三時七分、北海道胆振《いぶり》中東部を震源とする最大震度七の地震が発生した。

全壊及び一部損壊した約一万六千棟もの家屋が被害を受け、死者四十三人、負傷者七百八十二人の大災害となった。

その夜、試合が行われた旭川市《あさひかわし》から札幌市内のマンションへ帰宅後、中田翔は大きな揺れで起こされた。札幌も大規模停電に見舞われ、試合や練習など野球のことはおろか、風呂にも入れずに娘の体をタオルで拭《ふ》いてあげる日もあった。

二試合が中止になった札幌ドームでの再開初戦、彼は栗山監督らとともに球場のコンコースで義援金を呼びかけた。試合直前には選手全員とベンチ前で犠牲者に黙祷《もくとう》を捧げ、大型ビジョンには復興へのプレーボールを誓《ちか》う彼のメッセージ映像が流された。

《北海道のファンのみなさまの大きな温かさに包まれ、このグラウンドでまたプレーできるしあわせをいま、全員で噛みしめています。（中略）微力ではありますが、今日を復興へのプレーボールとすることを誓います》

それから一年が経《た》ち、初めて震災について彼と話した。

「災害で亡くなった方、ご家族を亡くされた方、住むところを失われた方が、たくさんいます。僕らが簡単に口にできることではありませんけど、もし、僕の家族が犠牲になったらと思うと……ほんとうに苦しいですよね……」

そんな人の生命や生活が脅《おびや》かされるようなとき、プロ野球は、無価値な娯楽でしかないのだろうか。

「……でもね、被災者の方から、ファイターズの試合を見て元気もらっていますと、だから頑張ってくださいと、そういう手紙が届くんです。お父さんやお母さんを災害で亡くした方から、ファイターズを応援するのが私の元気の源《みなもと》なんですと。ファイターズが勝ってくれたらめちゃくちゃ嬉しいんですと。翔さんがホームラン打ってくれたら天国のお父さんが喜びますと」

彼のホームタウンには、間違いなく野球が根付いている。

プロ野球選手

　家族を亡くし、家を失った被災者を前にすると、チームが勝ったり勝てなかったり、選手が打ったり打てなかったり、そのようなことは、まるで無意味なことのようにも思えてしまう。

「僕なんか、ほんとうにちっさい人間やな、そう思うんです。打てないプレッシャーで押しつぶされそうになったり、野次に苛《いら》ついたりしているけど、そんなちっさい僕に、被災者の方が声をかけてくれるんです。頑張ってよ、打ってよ、と。

　だから僕は、まずこうして野球ができている、仕事ができていることに感謝しなければなりませんよね。そして、僕に力をくれている人たちに、ほんの少しでも、なにかを還《かえ》さなければいけないですよね」

　たとえば、一九九六年、阪神淡路《はんしんあわじ》大震災の翌年に被災地神戸《こうべ》をホームタウンとするオリックスブルーウェーブが、《がんばろうKOBE》を合言葉《あいことば》に、日本シリーズで優勝した。

たとえば、二〇一三年、東日本大震災の二年後に被災地東北をホームタウンとする東北楽天ゴールデンイーグルスが、《日本一を東北に》を合言葉に、やはり日本シリーズで優勝した。

一九九六年はまだ少年だった彼は、しかし二〇一三年のことは、対戦相手としてはっきりと記憶している。

「もう僕らの優勝が消えてしまった時点で、楽天に日本一になってもらいたい、巨人に勝ってくれ、そう思う自分がいました。あの日本一は神様が決めていたことだと、いまも思っているんです。だって、あの日本一で、どれだけの人たちを励ましたか、はかりしれないものだと思うから」

大災害の前で、野球は無価値な娯楽で、プロ野球選手は無意味な存在なのだろうか。けれども、そんな選手から勇気をもらう人々がいて、応援することで選手を励ましている。

そんな人々から勇気をもらう選手がいて、勝利することで人々を励ましている。

プロ野球には、そんな勇気の循環が、たしかにある。

「もし、誰も人を歓ばせられないのなら、プロ野球選手なんて必要ないじゃないですか。だけど、こんなにもスタンドが満員になる。僕がホームランを打つだけで、涙を流しながら歓んでくれる人がいる」

プロ野球は無価値ではないし、プロ野球選手は無意味ではない。

成長

これまで、プロ野球選手の「心」について、様々な質問を中田翔に投げかけてきた。本章の最後に、こんな問いに対する彼の答えを記しておきたい。

もう十二年もの長きに渡り、七難八苦とさえいえそうなプロ野球選手である歳月を、彼はつづけている。そんな仕事から、逃げだしてしまいたくなることはないのだろうか。

「ない、といったら嘘になります。会社員が仕事に行きたくないと思うときがあるように、僕も球場へ行きたくないと思うときがあります。レギュラーから外してください、二軍に落としてください、そう自分から申し出ようと思ったこともあります」

野球は失敗のスポーツである。

にもかかわらず、打線の中軸である彼にはいつでも成功が求められる。期待が大きいほど落胆も大きい。それらを背負いこむ彼は、傷つき、打ちひしがれながらも、また球場へと向かうという日々を重ねてきた。

「打てない日は、もうネガティブな言葉しか出てこなくて……。ベンチの裏でバットを折ってしまったことだって、数えきれないほどあります。よく日本では、辛抱だ、忍耐だと、それが美徳のようにいわれるけれど、僕はそうは思いません。チャンスで三振しても平然としているより、ベンチの裏へ行って暴れたっていい。それはそれで人間味があることじゃないですか。我慢なんかしてストレスを溜めてしまうより、素直に悔しがったほうがいい」

特別な場所に立つ、特別な職業と思われがちな、しかし特別などではない人間の、切実で正直な告白はつづく。

「満員の球場で打席に立って、あんなに声援を受けて、一生懸命努力してきたのに、チャンスで三振して……。そんなときのスタンドの溜息、ベンチの雰囲気……。そこでなにも思わない、平然としていられる、そんな精神的に強いやつなんて、いるわけない。人は誰だって弱い。涙を流したことがないやつなんて、この世にいないんだから。

強そうに見えるやつがいるとしたら、それはただ切りかえが上手なだけ。僕は強くなんかないし、切りかえが上手でもない。

だけど、どれだけ情けなくても、逃げずにいれば、いつか成長できるときがくる。あとになって、ふと冷静になれたら、ああしておけばよかった、こうしておけばよかったと、深く考えられる。そのとき、自分を観察して、自分を熟知して、また頑張ればいいやって。そうやって、ほんの少しずつでも成長していくことができれば、それでいいじゃないかって」

レギュラーに定着した二〇一一年以降、中田翔は毎年百試合以上に出場しつづけている。

二章　技

ボール半個分

「野球って、どんな球技よりも難しい技術を要求されていると僕は思っているんですよ」

スポーツ万能で、バスケットボールもバレーボールも得意だったという中田翔は、そう断言する。

「まず、他の球技は野球ほど考えなければならない要素が多くないですよね。打撃のスイングする前だけでも、バットという用具、握る位置、構える位置、スタンスの位置、腰の位置、タイミングの取りかた、バットの引きかた、出しかた……。

スイングしてからだって、ただ球を打てばいいわけではもちろんないです。球に対してちょっと目線を下げて球のどのあたりを打ちにいくか、スイングの各部分でもそれぞれ、わずか一瞬のうちに際限ないくらい、めちゃくちゃ考えることがあるんです。しかも野球は打つだけじゃないですから。守備もあれば、走塁もある」

打撃の姿勢やスイングにおける複雑さは、ゴルフにも似ている。だが、決定的な差異がある。

「ゴルフって、球が動かずに下に置いてあるでしょ。野球は、球がとんでもない速度で向かってきますから。しかも相手（投手）がいるから、自分次第というわけにはいきません。百六十キロの豪速球もあれば、落差のある変化球もある。それを、バットを振って、ちっさな芯に当てて飛ばして、ホームランにするには、あの広い球場の柵を越えなければならない。それに、たとえ百四十キロのまっすぐでも二千八百回転とかあってホップ成分が高かったら、そうそう捉えきれるものではなくて、よくてファウルですから」

あらためて聞いてみると、打撃とはまるで至難《しなん》の業《わざ》に思える。

硬球が直径約七十二ミリで、革や糸を解《ほど》いた中心部にあるコルク球は約二十一ミリ。バットの太さは約六十六ミリで、打球を最大限飛ばせる芯となると、極めて小さな点のような一部分になる。

その小さな球と細いバットのミリ単位同士の鬩《せめ》ぎあいで、必死にずらそうと投手は腕を振り、必死に合わせようと打者はバットを振る。

一打席に三スイングできるとして、一試合四打席あれば十二スイング。それをシーズン通すと約千七百スイング。それだけの機会があっても、芯で球をとらえて柵越えする打球は、三十本あれば讃《たた》えられる。スイング数に対する本塁打率は、三十本打つ長距離打者でも、ざっと〇・〇〇一パーセントほどだ。眼前にいる中田翔は、そんな離れ業を成しとげている数少ない打者であると、あらためて感嘆《かんたん》してしまう。

「野球くらいでしょ、アマチュアの人が真似《まね》さえできないのは。百六十キロの球が来たら、バットを振って芯でとらえるどころか、恐ろしくて打席に立つことさえできないと思います。日頃テレビを見て打てない選手に文句をいっている人も、打席に立ってインコースに速球がくるだけで、腰を抜かしてしまうと思いますよ。打撃だけじゃなく、プロと一緒にキャッチボールすることだって怖くて無理ですよ」

　プロ野球とは、一般人に真似事さえできない技術を平然とやって見せてくれる、まるでサーカスのような興行でもあることに気づかされる。

「野球は失敗の連続です。僕らプロでも、どんなに打ちたくても、簡単に打てるものではないんです。野球をやったことがある人なら、速球や、それに変化球を交じえた球をヒットすることがどれだけ難しいかわかると思います。

　僕らプロは、ボール半個分の差でまったく結果が変わってしまう世界にいるんです。『ボール半個分差しこまれたわ』とか、『ボール半個分ちょっと前やったわ』とか。わずかにファウルになる打球なんて、そんな感じです。それをスタンドやテレビで眺めている人たちに、わかってほしいと思っても、たぶん、わからない話でしょうね」

ボール半個分は四十ミリに満たない。

剛速球とフルスイングされるバットにおいては、四十ミリなど時間にすれば瞬《また》く間、まさにほんの一瞬だ。

「野球って、ほんとうに、難しいんですよ」

堂々巡り

打撃には、考察点が際限ないほど存在することは理解できた。

ゆえにプロ野球選手は、打席だけでなく、あらゆる時間、あらゆる場所で、打撃についてめまぐるしく頭を働かせているという。

「調子が悪いときほど考えてしまうんですよ、僕らプロ野球選手は。タイミングがちょっと遅いからああなった、早いからこうなったと、いつでも野球のことばかりです」

球を打つ。

文字数にしたら五文字のことだが、中田翔にその瞬間の動作を言語化してもらうと、最小限の文字数にしてもこうなる。

「まず、球を上下半分にして考えてみます。僕の場合は、その下側を〝しばきにいく〟。擦《こす》るとも捉えるとも違い、しばきにいくイメージです。そうすると自然に球に回転がかかってくれるから、打球が飛ぶ。これが僕にとっての、球を打つということです」

「しばきにいく」という、関西風の俗語的表現がおもしろい。

「上から斬《き》るという選手もいれば、下から叩くという選手もいます。そんな感覚の会話も選手同士でしますよ。というより、食事にいくと、最初から最後までほとんど野球の話しかしていないですね、僕らは。『おまえはどういう目線で構えている？』とか、『おまえはどういう目付で打ちにいっている？』とか。僕も後輩から質問されるから、『俺の場合はこうやで』と話してあげます」

困難を極める打撃だけに、質問も回答も果てしがないのだろう。だが、その堂々《どうどう》巡りをこんな言葉で遮《さえぎ》ることもある。

「でもね、じつは、いいときほどあまり考えていないんですよね。それはもちろん、ちゃらんぽらんにやるということではなく、考えなくてもいい状態というか。いつもそうだったら苦労しないんですけど、そんな選手はどこにもいないでしょうね」

そして、いまこのときも、プロ野球選手は、やはり堂々巡りのなかにいる。

ファウル

サッカーのヘディングシュートなら、「地面に叩きつけるように」といった基本と呼ばれる教材がある。

しかし、打撃にはそれが、あるようでない。

千葉ロッテマリーンズの監督を務めたボビー・バレンタインに、以前インタビューしたときのことだ。「バットは上から球を叩くように打つ」と信念を語る当時の広岡達朗《ひろおかたつろう》ゼネラルマネージャーに対し、「否《いな》、インパクトではバットは下から球を叩きにいくものだ」と真っ向から反論し、その後不仲にまでなってしまったという逸話《いつわ》を聞いた。日米の超一流である指導者同士でさえ、意見を対立させてしまう野球の深淵《しんえん》さを再確認したものである。

「そのことでいうなら、球を上から斬りにいくイメージでバーンと打てば打球が上がってくれるピッチャーもいれば、そうやって打ってもボテボテのゴロになってしまう球質のピッチャーもいるんです。だから、どちらが正解という問題ではないんじゃないかなと、僕は思いますけどね」

正解がない、という正解。

それが、中田翔の打撃に対する実感である。

打法は十人十色。あえて納得するなら、打てたときがすべて正解で、打てなかったときがすべて不正解となる、ということだろうか。

「でもね、打てなかったからといって、これがすべて不正解というわけでもないんですよ。なんていえばいいのか……。感覚的なものなんですけど、バットの軌道や角度、体幹の使いかた、体重移動、すべてが揃《そろ》ったときのファウルって、あるんですよね。ホームランと紙一重《かみひとえ》、でも真後ろのバックネットにライナーで直撃してしまったようなファウル。ベンチでみんなが、『わっ、惜しい！』と思わずいってしまうような、完璧なファウルがあるんですよ」

まさにそんなファウルを彼のある打席で目撃した。試合後に訊くと、「たしかに調子は上がり気味」だという。すると、はたして翌日の試合で、バックスクリーンに消えてゆく完璧な本塁打を放った。

「状態がいいときには、いいファウルを打てます。状態が悪いときは、やっぱりファウルもよくないんです」

　またある試合では、札幌ドームのバックネット後方の屋根から吊《つ》るされている巨大な垂《たれ》幕《まく》の広告に直撃するファウルを放った。前にさえ飛んでいれば柵越えしそうな飛距離だったが、方向が左斜め後方というだけで、飛距離は無価値になってしまう。

「あれは、よくないファウルです。デッドボールになりそうなくらいの球を無理矢理打ちにいってしまっているから、あそこに飛ぶんです。あれ、札幌ドームで三回目なんです。状態が悪いときに打ちたくなって、あんなインコースまでがっついて振るから、どこまでもボールを内に引っぱりにいって、あれだけ飛んでいるだけなんです。完璧なファウルとはまったく違って、よくないファウルです」

　観客にとって、ファウルと本塁打は天と地ほどの差がある現象だ。

　しかし、選手本人にとっては紙一重なのだ。打った直後に、完璧なファウルと完璧な本塁打のたしかな違いが、その掌《てのひら》に残されるのだから。

素振り

選手には、好不調の波がある。

二〇一九年シーズンは開幕戦延長サヨナラ満塁弾の勢いそのままに、第二戦でも二点を追う三回二死一塁の場面で二戦連発となる同点弾を放った。第三戦でも初回一死二、三塁で遊ゴロの間に三塁走者を生還させて先制点につなげた。

開幕三試合で九打点と、数字上は自身が「ノルマ」と語る百打点をゆうに超えるペースだった。

「でも、まったく本調子ではないです。それは結果じゃなく、二号目も打球に角度がなかったし、内容がまだまだなんです。調子がいいときは、なにも考えなくても打球に角度がついて飛んでくれるんです。周囲からは『調子いいね』といわれますけど、僕の感覚だと、調子がいいです、とは胸を張っていえないです」

その本人の感覚が結果に反映されはじめる。

開幕三連戦を終えて四月に入ってから不振に陥り、四月二十日の時点で打率一割九分四厘、十七日には打順も五番に下がった。

彼の成績はチームのそれと比例する場合が当然ながら多く、十九試合で打線の二桁安打が二試合のみ。一試合平均三・一得点はリーグワーストで、八勝九敗二分《わけ》の三位と波に乗れずにいた。

むろん、調子が上がってくるのを、ただなにもせずに待っているわけではない。

「やれることは、もうなんでもやっています。目線やスタンス、グリップの位置、右や左の手首の角度、肘《ひじ》の開き具合、踏みこむ歩幅……。極端にフォームを変えるということはいまはまだないですけど、いろんなことを変えてみて。でも、ほんとうに厳しいもので、なにも結果につながらなくて……」

ある晩、デーゲーム後に夕食をともにしながら話をすることになっていたが、スマートフォンにメッセージが入った。

《少し遅れてもいいですか？　バットを振りたいので》

午前中から球場入りし、練習と試合とを終えたあとでも、素振りを欠かさない。

試合に出たり出なかったりする若手選手たちは、ホテルの駐車場でスイングしていることがある。だが、彼はそこへは行かない。自分がいることで、若手に気を遣《つか》わせてしまうのを避けるためだという。

そうして彼は、自室で一人、バットを振りこむ。

「人が手で投げた球ならまだしも、同じタイミングで、同じ回転で、同じコースに来るマシンなんかでいくらカーンカーンと球を飛ばしてみたところで、なんの練習にもならないと僕は思っているので。

とにかくバットを振るのがいちばんいい。『球を打つな、バット振っておけ、それが最高の修正法になる』、そう稲葉さんからも教えてもらいました。自分のバットの軌道を見て、自分のスイングの音を聞いて、一振り一振り、確かめながら振るんです」

そんな彼のために、球団も広めのツインルームを用意してくれる。荷物を床には置かずに使わないほうのベッドに広げ、開いているスペースで鏡に向かってバットを構える。好調時との差異《さい》を見つけたり、新たな気付きを試したりしながら、黙々とバットを振る。

空《くう》を切る鋭い音が、部屋に響く。

好調な日も、そうでない日も。

連続安打

悪夢のような連続無安打があれば、その逆のような日々も、むろんある。

二〇一九年四月十八日を境《さかい》に、中田翔に毎試合安打が出た。それは連続十二試合までつづき、開幕から低迷していた調子が上向いたことを明示していた。

「でも、僕からしたら、まだ本調子になったという感じではないんですよね。連続安打なんてどうでもいいし、連続安打が止まったこともなんとも思っていません」

連続安打が止まってチームが敗《やぶ》れた試合後、ロッカー室から出てきて廊下《ろうか》を歩く彼の背中を、新聞記者たちが足早に追いかけた。いわゆる、「ぶらさがり」という取材だ。連続安打が止まったことについて記者たちが感想を求めていたが、彼は厳しい表情で一言だけいうと、そのまま車内へと消えていった。

「『自分のことなんてどうでもいいからチームのことでしょ』と。同じことを取材陣に、ことあるごとにいうんですけど、チームが負けているのに『ホームランが出ましたね』とか、『連続ヒットがつづきましたね』とか、それが『止まりましたね』とか、しょうもない質問をせんといてくれと。今日は打てた、今日は打てなかった、そんなことはレベルが低いアマチュアにするような質問じゃないですか」

安打がつづいているときでも、安打した打席で塁上に立った彼は白い歯を見せることはなかった。また得点圏に走者がいて凡打したときには、バットを拳《こぶし》で叩いて悔しがっていた。

自身の連続安打より、チームの勝利のために、中田翔は生きている。

「やっぱり、プロ野球の世界は勝ち負けです。僕らプロ野球選手は、そのためにプレーしているわけですから。勝てていれば、自分のヒットがどうとか訊かれるのはまだいいんですけど、負けたのなら、そんな無意味なこと答えたくもないじゃないですか。

だって僕には、連続ヒットよりチャンスで打てなかった悔しさもあるし、恥ずかしさもあるし、申しわけなさもあるんですから。ホームランを打ったとしても負けてしまったのなら、僕にとっては、そのホームランはどうでもいいことなんですから」

春の連続安打のためではない。

秋の優勝のために、プロ野球選手は苦心して技術を磨いている。

空振り

連続安打となった最初の一本は、いわゆるポテンヒットだった。外角低めに落ちるカーブに、ちょこんとバットを合わせると打球はふらりと上がり、三塁後方の左翼線へと落ちた。

不振なときは、「ひたすらに復調の契機を待つ」と話していた中田翔だが、ポテンヒットがそうなることもあるのだろうか。

「このときは違いますけど、どんな当たりであれ、きっかけになるということはあり得ます。べつにヒットではなくても、空振りでもいいんです。スイング一つで、もうわかるんです。うわっ、いま、めちゃくちゃいい空振りができた！　みたいな。ああ、こういう感覚で調子がいいときには振っていたよなと思う、いい空振りが」

「いい空振り」とはどんなものなのか、問いを重ねてみた。

「いつもなら、なんか違うな、これでいいのかなと、振ったあとに違和感を覚えるんです。ずっといい状態がつづくなんて選手はいませんから。みんな模索をつづけながら、毎日打席に立っているものなんです。

ところが、振っていて違和感がまったくない、いい空振りがあるんです。周囲の見た目には同じ空振りでも、迷いもないし狂いもない、僕のなかでのいい空振りが、たしかにあります。

振っていて気持ちがいいですもん。いい空振りができたときには、一、二打席目にたとえ打てなくても、三、四打席目に結果が出る、みたいな予感があります。そういうときって、なぜかわかるんです、今日一発あるぞ、みたいな。

あとは変なボールに自分から食いついてぶんぶん丸にならなければ今日は確実に打てるな、という、いい空振りがね」

いい空振り後の、研《と》ぎすまされた感覚から生まれる本塁打の予感。それはシーズンにどのくらいあるものなのだろうか。

「毎年打率が三割を超えてくるようなバッターは、そんな感覚がきっと多いんでしょうね。僕は打率が高いタイプのバッターじゃないから、年に二、三試合、ですかね。そんな程度です」

あらゆる努力と模索をつづけながら、百四十三試合のうちの、二、三試合だけ得られる、「いい空振り」という僥倖《ぎょうこう》。
それを待てるだけの忍耐力が、プロ野球選手にはある。

本塁打

いわずもがな、中田翔は天性のホームランバッターである。

中学生だった広島鯉城《りじょう》シニア時代、県大会で放った御建《みたて》公園野球場での場外ホームランは、隣接する御建神社の屋根を破壊してしまった。大阪桐蔭高校二年生のときにも、秋季近畿《きんき》大会準決勝で和歌山《わかやま》県営紀三井寺《きみいでら》野球場にて推定百七十メートル弾を放ち、この頃から「平成の怪物」と騒がれだした。当時の高校通算本塁打の新記録となる八十七本塁打、甲子園でも四本塁打と、彼のホームラン伝説は枚挙《まいきょ》に暇《いとま》がない。

「高校生の頃までは、『なぜホームランが打てるんですか？』と訊かれても、『あたりまえに打ててしまうからわかりません』、そんな感じでした」

プロ入りし、レギュラーに定着した二〇一一年以降も、広い札幌ドームを本拠地にしながら毎年二桁《けた》本塁打をつづけている。

しかし、本塁打についてのこだわりを訊くと、意外にも淡白な答えが返ってきた。

「べつに状態が完璧ではなくても、ホームランって打てるわけじゃないですか。詰まらされていても押しこみが効いていれば入ることもありますし、打球に角度がついてたまたま入ることもありますし。狭い球場だったからとか、フォローの風が吹いてくれたからとか、ホームランって、じつは完璧な当たりというよりも、そんなことで生まれることのほうが多いんです」

観る側からすれば野球の華《はな》といえるホームランだが、打っている彼からすれば、それは自身の技術のみならず様々な要因が重なった結果に過ぎない、ということか。

「さっき話した、詰まらされていても押しこみが効いたから柵越えしたとしても、それは自分にとってみれば、ただの詰まらされた打球、というだけでしかないんです。たとえ、飛距離が伸びてホームランになったとしても、完璧なスイングから生まれたものでなければ、それは僕にとっては完璧なホームランじゃないということです」

ホームランだったという結果論で喜ばず、わずか一つのスイングの完璧さにこだわる。

「あたりまえに打ててしまうからわかりません」という頃の豪快な本塁打。そこから称されるようになった「平成の怪物」というイメージ。それらとはまるでかけはなれた、打撃に対する繊細さとひたむきな完璧主義の一面が、現在プロ野球選手となった彼の本塁打論からは感受《かんじゅ》できる。

理想

中田翔にとっての理想の打球とは、どのようなものか。

「真っすぐを待っているとしたら、ボールの下半部をバットでしばいて、より多くの回転を加えてあげる。いい角度で上がったら、なかなか打球は落ちずに遠くまで飛んでくれます。僕のなかではそれが理想の打球。つねにボールに鋭い回転をかけることを意識しています」

打球を遠くに飛ばす。

そのために打者ができることは、科学的に単純化させると二つある。

打球の速度を上げることと、打球に回転をかけることである。

速度が最大化するのは、物体と物体の中心と中心とを結んだ線と、それぞれの軌道が一致するとき。つまりバットで球を正面衝突させられたときとなる。

しかし逆に、打球回転が最大化するのは、バットの中心と球の中心とが外れた位置に力が作用したとき。つまりバットで球を掠《かす》らせたときとなる。

バックスピンがかかった球には揚力《ようりょく》が働き、揚力は回転数が増すほど大きくなる。だがこの場合、回転数は増加するものの速度は低下する。ゆえに、その兼ねあいに打者は苦心している。

しかも、これだけの文字数を費やしたことを、百五十キロ以上の速度で球が迫りくるほんの刹那《せつな》に成しとげなければならない。

ここで疑問が湧《わ》く。もはや離れ業といっていいこのような技術を追求している彼は、年間でどのくらい理想の打球を放つことができているのだろうか。

たとえば、本塁打。

彼の理想とする一発を、二〇一九年シーズン終了後に振りかえってもらった。

「あったかなあ……」

彼はそういったきり、しばらく視線を宙《ちゅう》に漂《ただよ》わせて思いだそうとしてくれたが、答えはこうだった。

「すっと出てこないということは、ないんでしょうね」

では、理想とする一発は、どこまで遡《さかのぼ》れば「すっと出て」くるのかと問うてみた。すると驚くべきことに、八シーズンも前の記憶にたどりついた。

二章
技

二〇一二年九月二十八日、札幌ドームでの埼玉西武戦。この日は初回第一打席にも先制2ランを放っていたが、彼が選んだのは五回裏第三打席の一発だった。

十亀剣《とがめけん》から打ったその日二発目は、リーグ優勝を手繰《たぐ》り寄せた第二十三号3ランだった。外角高めの百四十四キロの真っすぐを「しばく」と、打球は左翼ポールの上、スタンド上段までアーチを描いた。

「あれは完璧でしたね。スイングもよかったし。でも、あれくらい完璧だったというホームランは生涯に何本あるのかな……って感じです」

プロ野球選手として十二年を経た一流の、一流ゆえに何本とない、理想の速度と、理想の回転の、理想の一打である。

ゾーン

「ゾーン」と呼ばれる、プロ野球選手にとって至福の境地がある。

球を打つということに完全に集中し、忘我《ぼうが》状態ながら動作はより円滑に、最高の能力が発揮される精神状態のことである。

「ホームランを三十発打ったシーズン、それがあったんです。ゾーンって無敵です。僕が二〇一四年のクライマックスシリーズで五発打ったときも、ただ来た球を打つ、みたいな感じでした。ほんとにもう、ただ無意識に」

その瞬間は、自身の身体動作への指示もなく、結果を期待することもなく、しかし動作は滑らかで、そして結果が出てしまう。

「ほんとうにそうなんですよ。あれが真の平常心でしょう、たぶん。それであとから、『あの打席はどんな球種を待っていたんですか?』と訊かれたとき、自分で振りかえってみると、真っすぐを待っていたわけじゃない。変化球を待っていたわけじゃない。外角、内角、高め、低め……あれ？　なにも待っていなかった、と。

打席で構えて、どう打つかも考えず、シンプルにピッチャーのタイミングに合わせて、打てると思ったその球を打っているだけでした。それがゾーンです。

そんなときの選手は、そこにいるのになにを考えているかわからない、嬉しいとか悔しいとか感情も露《あら》わにしない、すごくシュールな選手に周囲には見えるみたいで」

球種も内外高低も予想せず、それでも体が反応し、本塁打が打てる、いや、打ててしまう。

意識は内にはなく、自己対話さえなにもない。あるのは向かってくる球に対する意識のみ。まさに無我の境地といえる。

「ゾーンに入っているのがわかるんです、自分で。いやあ、それは楽しいですよ。早くつぎの打席に立ちたいですもん。

だから、調子が最悪のときと最高のときは、それだけの差がありますよ、という話です。まわってくるな、まわってくるな、と最悪なら思います。チャンスでまわってきたときなんか、頭を抱えるくらい、こんな打席いらないって。でも、ゾーン入っているときには、まわってこい、まわってこい、チャンスでまわってこいと、ネクストバッターズサークルで願っていますから」

そんな、無邪気な野球少年のような純粋なその境地を、プロ野球選手はいつでも求めているのだろう。

それはしかし、求めるからこそ、容易に入れないのかもしれない。

「難しいな、それ。コントロールしようとしてもたぶんできません。ゾーンに入っているときは無意識だから、それをまた求めようとしてもちょっと違ってきて、おかしくなってしまうんでしょうね」

ひとたび身体や結果に意識が及んで自己との対話が再開すると、ゾーンの夢から覚めたように我に返ってしまう。

そして、技術的な思考の堂々巡りが、またはじまってゆく。

バット

投手の投球を打つために用いられる木の棒が、プロ野球選手にとってはどれだけ重要なものか。

素材だけとっても、ホワイトアッシュ、メープル、ヒッコリー、そして日本で多く使われてきたアオダモなどいくつもある。そのなかから中田翔が選ぶのはメープル、日本でいうところの楓《かえで》である。

「バットにはもちろんこだわっています。素材は、いろいろ試したなかでのメープルです。海外のメープルも使ってみましたけど、いちばんしっくりきているのは、日本のメープル……というよりも、ミズノのメープルです」

野球用品メーカーであるミズノから届けられるバットを、ただ使用するのではない。毎オフ貴重な一日を費《つい》やし、岐阜《ぎふ》県養老《ようろう》郡にあるミズノテクニクスというバット工場を訪問する。そこで彼の担当である渡邉孝博《わたなべたかひろ》クラフトマンと意見交換しながら、翌シーズンに向けての新たなバットを注文するのである。

これまでの十二年間で、重さ八百五十グラムという球界最軽量級や、逆に九百四十グラムという球界最重量級を使用したこともある。「ここまで極端に異なるバットを使って、こだわりを強く持っている選手は、他に知りません」と、渡邉クラフトマンは唸《うな》る。

二〇一九年は二種類の重さ、八百八十グラムと八百九十グラムとを使いわけた。長さも三十三・五インチ（八十五・〇九センチ）と三十四インチ（八十六・三六センチ）とを開幕から用意した。

その重さの違い十グラムとは、アルミニウムの一円玉なら十枚分、砂糖なら大匙《さじ》一杯分にも満たない。

「十グラム単位でどう変わるのかと思われるかもしれないですけど、その差が僕らにはわかるんです。重さや長さはもちろん、太さだって、紙一枚分グリップの直径が太くなるだけで大きな差に感じます。バットの湿度も、一振りするだけで、湿気ているとか乾燥しているとかわかります。だからバットケースのなかに乾燥剤を入れて、湿度を一定に保つようにしているんです。とくに札幌ドームは湿気が高めですから」

漫画に出てくるスナイパーのライフル銃さながらに、ジュラルミンケースに入れて持ちはこぶ選手も昨今は増えている。

それほどまでにこだわりがあるバットだが、プロ野球ではこんなことも行われる。

「状態がいいときには、どんなバットを使おうと打てるんですよ。『ちょっと貸してみい』といって、後輩のバットでホームラン打ったこともありました」

さらには、逆もまたあるという。

「状態がどん底までいったら、人のバット借りることもあるんです。横尾《よこお》（俊建《としたけ》）や（ブランドン）レアードに借りたこともありますし、自分とはかけ離れているタイプの選手に借りたこともあります。まあ、やけくそに近いんじゃないですか。

でも、またそこでもなにか復調のきっかけが見つかればいいなと思うし、気分転換にもなりますし。もちろん他の選手のバットは重さもかたちもまったく違うんですけど、ぱっと握ったときにフィット感があったりして。けっこう多いですよ、他の選手から借りる選手」

清宮孝太郎が極度の不振の際、彼のバットを借りたことは前述した。

ほんの十グラムの増減が気になる職人のような繊細さがあり、他者のバットを使う大胆さもある。

そこに、野球は職業でありながら、遊び心が生きるゲームでもあったことの名残《なごり》がある。

グリップ

二〇一九年シーズン半ばのオールスターゲーム前に、中田翔はバットの重量を変えた。八百九十グラムを主に使用していたが、八百五十グラムと四十グラムも軽くした。

シーズンオフから試行錯誤《しこうさくご》して使用するに至ったものを、シーズン途中に大幅変更することは珍しい。

「それだけ軽くするというのは勇気がいることです。軽いとやっぱり飛距離は落ちますから。でも八百九十グラムだと少し重く感じて。それを使い続けるよりは軽いほうが扱いやすいかなと、思いきって変えてみたんです」

ただ、どの重量が自身にとって最適か、おそらく答えなどないのだろう。

「他の選手はあまり変えない人も多いですけど、僕の場合は握ってみて、その日その日で自分がしっくりくるのと、しっくりこないのとがあるんですよね。いまは軽めのバットにはまっているんですけど、また変えるかもしれませんし」

その予告どおり、二〇一九年のシーズン後に養老の工場を訪れた際には、九百グラムに変更したものも注文している。

また二〇一九年のシーズン中には、グリップエンドの形状も一般的なものからタイ・カッブ型と呼ばれるものを基調に変更した。タイ・カッブ型とは、メジャーリーグ史上最高の生涯打率三割六分七厘を記録した名選手が使用したとされるグリップ形状で、グリップエンド部分、右打者なら左手小指部分がなだらかに太くなっている。

グリップエンドに重量感が出る分、バットをコンパクトに振りぬける特長があるため、ひと昔前まではアベレージヒッター向けといわれていた。だが昨今では、オリックス・バファローズのT—岡田《おかだ》（岡田貴弘《たかひろ》）や東北楽天ゴールデンイーグルスの浅村栄斗《あさむらひでと》ら、パワーヒッターも使用している。

「変えたのは気分です。浅村（大阪桐蔭高校の後輩）のバットを握ってみたとき、あっ、これ使ってみようかな、と。そんな程度です。僕は若い頃からグリップにテープを巻くとかいろいろ試してここまでやってきたので、握った感覚や気分も大事にしています」

さらに試行錯誤はつづいた。タイ・カッブ型から、ピート・ローズ型と呼ばれるものをベースに、〇・一ミリ単位まで微調整した新たなグリップエンドも使用している。メジャー通算四千二百五十六安打の世界記録保持者が使用したとされるそのタイプは、グリップエンドがほとんどないに等しい。

「左手がグリップに当たるストレスがなくなりました」

二〇〇八年に左手有鉤骨《ゆうこうこつ》を骨折したこともあり、グリップエンドの形状にはことのほか繊細になる。さすがにグリップエンドがないこのタイプを使用する選手は日本球界にいないが、誰が使用していたものか、誰が使用しているものかなど、彼は気にかけない。自らの手、自らスイングにどこまでグリップが合致するのかだけである。

二〇一九年のある試合中のダグアウトで珍しい光景を見かけた。バットのグリップをヤスリで削って、自身で成型していたのだ。ほんの少しずつ、自分の指や掌に馴染《なじ》むよう、まるで職人のように、慎重に入念に手作業していた。

「握ってみてフィット感を得られるまで削りました。まったく感触が変わりますよ。これいい、と感じたこともあるし、ちょっと削りすぎて、うーん……と思ったこともあるし」

試合中にまで、これほどこだわって手作業している選手もいまい。

そうしてようやく完成させたグリップで、打席に立って投手と対峙《たいじ》する。

「試合で使うバットはこうして削った完成形なので、そこからさらに手を加えることはありません。それが折れてしまったら、それはもう仕方ないんですけど、なるべく折りたくないし、折れたらもう最悪です」

投手の球に詰まらされてバットを折られることが、彼の場合は少ない。そのため年間十本から十五本ほどのバットしか使用しない。

しかし、やはり木製バットは儚《はかな》い。手塩にかけて削って作ったグリップがどれだけ馴染んでいようとも、打った瞬間に折れてしまえば、もはやなんの役にも立たない木屑《きくず》と化してしまう。

その木屑と化した折れたバットを、彼は捨ててしまわない。

箸《はし》へと加工してもらい、《中田翔》の刻印を入れ、世話になった人々へ、感謝のしるしとしてシーズン後に配っている。

彼らしいこだわりのバットは、その行く末まで、彼らしい。

打点

プロ野球選手の仕事は、様々な数値によって分析され、評価される。

昨今はアメリカで提唱されてきたセイバーメトリクスの隆盛で、統計学的根拠も加味され、数値はより複雑化している。たとえば、IsoP（Isolated power の略）という長打力をより不備なく計測するための指標がある。数式にすると、「(二塁打＋三塁打×2＋本塁打×3）÷打数」となる。

そのIsoPで、二〇一三年に中田翔は〇・二四六とリーグ一位を記録した。他の指標もある。二〇一六年の初球スイング率三十七・七パーセントでリーグ二位、引っぱり打球率五十四パーセントでリーグ一位——まるで数値だけでどのような打者であるか、丸裸にされるようでもある。

選手自身も多くの指標を得られ、価値基準をどこに置いてプレーするか客観視できるようになった。

「僕は、OPSを上げたいとは思います」

OPS(On-base plus slugging の略)とは、出塁率と長打率とを足した数値である。得点の多いほうが勝つというルールにもかかわらず、新聞などで打者順位が打率順で掲載されていることが疑問視されて開発された。得点との相関性が高いといわれる指標だが、二〇一九年シーズン半ばの七月時点で、彼はOPS八割七分という高い数値を記録していた(同年のOPSリーグ平均値は七割一分九厘)。

しかし、そうした様々な新たな数値より、馴染み深い数値を稼ぐことを彼は望んでいる。

「僕が唯一こだわり、プライドも持っている数字が、打点です。三割を打つバッターはいくらでもいるじゃないですか。ホームランを三十本打つバッターもけっこういるんですよ。でも、毎年百打点打つバッターって、両リーグ合わせても何人もいませんよね」

たしかに、二〇一八年は打率三割超えの打者が二十人、本塁打三十本超えの打者が十一人いる。だが百打点超えの打者となると、両リーグ合わせても六人と少ない。

その百打点超えを、彼は二〇一四年からの五年間で四度記録している。そのうち二回は打点王に輝いた。

しかも、初の打点王となった二〇一四年は、百打点超えはリーグで唯一、彼だけだった。

「ホームランも、ソロか、2ランか、3ランか、満塁かによって、だいぶ気分が違いますよね」

ソロなら一打点だが、グランドスラムなら四打点が稼げる。

ならば、二〇一九年の開幕戦、延長逆転サヨナラ満塁本塁打のときは。

「あのときも、よっしゃ、ホームランや！ではなくて、よっしゃ、四打点や！でしたから」

タイトル

中田翔はタイトルを二度獲得している。

派手な本塁打を放っている印象が強いが、本塁打王のタイトル争いには毎年のように顔を出してはいるものの、二〇一二年と二〇一三年の二位が最高位だ。

「僕はホームランよりも、打点を稼げればそれでいい」

その言葉どおり、二度のタイトルとは、二〇一四年と二〇一六年の打点王である。

「もちろんホームランも四十本打てて、百二十打点稼げればそれがベストなのかもしれないですけど、両方を追いかけられるような、そんな甘い世界ではないですから。

ホームランなんて、毎年二十本いくかいかないかでもいいんです。だけど毎年百打点は、ぜったいに打ちたい。僕はそこを重要視してやっているので。

タイトルにしても、ホームラン王よりも、やっぱり打点王を獲《と》りたいという思いのほうがはるかに強いですから」

なぜ、打点にこだわりを持っているのか。

「打点って、いちばん勝利につながる数字だということもあります。それに打点って、一人で積みかさねられるものではないでしょ？

たとえば、一番打者が内野安打で塁に出る。二番打者が犠牲バントで送る。三番打者がセカンドゴロで進める。そして、二死三塁で僕がヒットを打つことで、ようやく一打点です。その一打点を稼ぐのに、いろんな人の働きがあるんです。

ホームランは自分が打つか、打たないか、それだけですよね。もちろんソロホームランで打点もつくにはつきます。でもそれって、僕一人しか関わっていないじゃないですか。ホームラン以外の打点は僕以外の誰かが関わって、最終的に自分がしっかり決められている、そういう意味のある一打点になります。だから僕は、打点にこだわることに行きついたんです」

野球は、一人ではなく、チームで力をあわせ、より多く得点して勝利を目指すゲームである。

野球の目的に直結している打点王が、彼が目指す唯一のタイトルだ。

チャンス

「クラッチヒッター」とは、バスケットボールのクラッチシューターが転じた、チャンスに強い打者の呼称である。

打点という数字に注力する中田翔は、クラッチヒッターであることを自身に課している。

本塁打数を稼ぎたいホームランバッターなら、どの状況においても柵越え狙いで強振すればよく、打撃にさしたる変化は必要とされない。だがクラッチヒッターは、いつでも強振するというわけにはいかない。

「まず、得点圏にランナーがいない場合は、僕がチャンスメークしなければなりません。だからバッティングの意識は長打狙いでいいわけです。僕は俊足ではないので三塁打は望めません。だから具体的に長打とは二塁打のことです。得点圏の二塁に僕が進まないと、点が入りませんから」

長打とは本塁打も含まれるが、ここでの「長打狙い」とは、外野手の頭上を越える、もしくはその間隙《かんげき》を抜く二塁打が意識される。前述したように彼が本塁打を狙うことは稀《まれ》だが、長打狙いが柵越えし、自身のホームインにより一打点が記録されれば、むろんそれが最善ではある。

「得点圏にランナーがいる場合は、僕はシングルヒットでもランナーが還ってこられます。それで一打点ですから、ふだん八、九割で振るところを、六割ぐらいに調整してコンタクトしにいってもいいわけです。僕のなかで、八割が六割になるその差は大きいです」

得点圏に走者がいなければ、本塁打でしか打点はつかない。だが得点圏に走者がいれば、安打はもちろん、犠打、犠飛、内野ゴロ、野手選択（フィールダースチョイス）によって走者が得点した場合でも打点がつく。満塁時になれば、四死球、打撃妨害、走塁妨害のいずれかでも同様である。

すなわち、チャンスにおいて、「打つこと」ではなく、「打点を稼ぐこと」を求めるなら、空振りする確率も高まってしまう大振りをしないという選択肢も出てくる。

ある試合で、こんな場面が実際にあった。

一死三塁で打席には四番の中田翔。彼の選択は変化球を軽打することだった。結果はセンターフライの犠飛で、いともたやすく一打点を稼いだように見えた。

その試合後、あの選択でよかったのかあらためて問うと、彼は自身を納得させるかのように、一つ頷《うなず》いてから語りだした。

「いちばん歯痒《はがゆ》いのは、みんなでチャンスを作ってくれているのに、そこで打てないときですから。なにやってんだ俺は、チャンスこそが勝負なのに、とストレスも溜まります。だから、今日みたいにポーンと簡単にセンターフライでも、あれで打点が生まれたわけですから、もちろんよかったんでしょうね。でもね……」

そこで彼は、もう一つの選択肢にも言及する。

「もし、あの変化球に対してしっかり振っていたら、どうなっていたんだろう、と思う自分も、いないといったら嘘になります。ホームランだったかもしれないし、アウトだったかもしれないし、空振りだったかもしれないし、ファウルだったかもしれない。だけど、それがファウルになってくれていたら、もう一球、また選択肢が与えられるわけですから、まったく結果はわからなくなってきますよね」

犠飛によって一打点を稼げたものの、犠飛は自身のアウトにほかならない。犠飛は打数には含まれないが、出塁率の計算には含まれる。すなわち犠飛によって出塁率と、出塁率と長打率とを足した数値であるＯＰＳも低下してしまう。

彼はしかし、逡巡《しゅんじゅん》しながらも、最後には仮定ではなく理想を語る。

「過去の選手の記録を見たとき、（アレックス）ラミレスさんの八年連続百打点に、僕は魅力を感じるんです。打点がいちばん勝利に直結している記録なので、やっぱり格好いいですよね。

だから、打点を稼ぐためのホームランだったらいいんですけど、ホームランのためのホームランなら僕はいらない。それよりも、出塁した選手をなんとかみんなで進塁させて作ったチャンス、そのチャンスで、僕が犠牲フライでランナーを還したときのほうが、自分だけのホームランより、やっぱり気持ちいいですから」

犠牲フライ

「犠牲フライ」は、無死三塁か、一死三塁の場面で、打者が外野フライを打って走者をタッチアップで本塁に生還させるプレーである。

「犠牲フライでも一点入る場面」、もしくは「犠牲フライで最低限の仕事」などとよくいわれる。

あたかも犠牲フライは打つことが容易なプレーに思われがちだが、じつはそうではない。それは過去の記録を紐解《ひもと》けばよくわかる。

歴代最多犠飛記録保持者は野村克也だが、その数は実働二十六年間で通算百十三に過ぎない。野村の通算本塁打数六百五十七本と比べると、犠牲フライが意外に少ないことがわかる。

シーズン最多犠飛記録を見ても、一九七〇年に東映《とうえい》フライヤーズの大杉勝男《おおすぎかつお》が記録した十五本だ。しかも大杉の記録は、二位の十二本に三本もの差をつけた記録である。こう見てみると、犠牲フライは、かなり難しい部類に入るプレーといえそうだ。

しかし、二〇一八年、その大杉の偉大な記録に、半世紀近く経ってようやく迫《せま》る者が現れた。

九月十六日の札幌ドームでの北海道日本ハム対オリックス戦、九回裏無死満塁から、中田翔がセンターフライを放った。それがシーズン十三本目の犠牲フライとなり、シーズン歴代最多記録にあと二本と迫った。

彼が抜いたことで歴代三位となった十二犠飛には原辰徳《はらたつのり》ら四人が並ぶが、それらはすべて一九九〇年代以前の記録である。

久々に出現した犠飛の名手に、あらためてそのプレーについて訊いてみた。

「僕の場合、ホームランやヒットを狙って失敗した犠牲フライではなくて、ほとんどが犠牲フライを狙って打った犠牲フライです。特に二〇一八年は、無死三塁か一死三塁のチャンスがきたら、『よし、犠牲フライを打ってきます』といってから打席へ向かっていましたから」

犠牲フライを狙って打つ。

歴代記録の少なさを思えば、打点にこだわる彼だからこその芸当ともいえそうだ。

「打球に角度をつけてあげるんです。たとえばアウトコースのボールだったら、そのまま打つのではなく、リストだけでヘッド返して意識的にパーンとフライを上げにいくんです。ちゃんとコンタクトしてあげれば、打球はそれなりに飛ぶので」

そう語りながら、その場でバットを簡単そうに操る仕種《しぐさ》をしてみせてくれた。

「その二〇一八年までは、犠牲フライを打つのなんてすごく簡単だったんです。みんなは『犠牲フライを打つのは難しい』と話しているんですけど、僕は狙いにいって打てていたし。それが、二〇一九年は簡単には打てなくなって……。なぜなんだろうといまも思っているんですけどね」

二〇一九年の彼の犠牲フライは四本にとどまった。

やはり、犠牲フライは、「最低限の仕事」などではない。

好敵手

いつの時代にも、難攻不落《なんこうふらく》の絶対的エースがプロ野球界には存在する。

福岡ソフトバンクホークスの千賀滉大《せんがこうだい》もその一人である。開幕戦で自己最速の百六十一キロを記録した二〇一九年は、球団七十六年ぶり、そして史上初の毎回奪三振によるノーヒットノーランも達成した。

その千賀から、同年四月二十七日、中田翔は本塁打を放った。七回までに十個の三振を奪われるなどチームは無得点で攻略できずにいたが、彼が第三打席の初球を強振し、左中間スタンドへと運んだ。打ったのは百二十四キロのスライダーだった。

「真っすぐを待っていて、ぽんっと外された瞬間、自分の体幹が止まったんです。そこからタイミングを合わせて振ったら、ホームランでした」

千賀級の速球派ともなると、ストレートを待っていてストレートが来たとしても、捉えることは困難だろう。しかもそこに、緩急《かんきゅう》を織りまぜた多彩な変化球を投じてくる。

この試合、本塁打で一矢報《いっしむく》いた北海道日本ハムの四番打者は、しかし試合後、笑顔をいっさい見せなかった。そして、第三打席の本塁打のことではなく、その前の第一、二打席目に連続三振を奪っていった相手のことを讃えた。

「完璧にやられてしまって、悔しさしかないです。手も足も出なかったです。今日の千賀の球なら、ど真んなかでも打ちかえせてもいません。打席に立っていて脅威《きょうい》を感じる球でした」

そんなエースがいる一方で、その牙城《がじょう》を崩す巨砲たちもプロ野球界には存在する。

埼玉西武の山川穂高《やまかわほたか》もその一人である。二〇一八年の最優秀選手は、二〇一九年にも通算三百二十一試合目、日本人史上最速記録での百号本塁打を達成した。

同年五月一日、その山川の目の前で中田翔はマルチ安打してチームを勝利に導いた。初回二死二塁、左翼前に運んで新元号「令和」チーム初打点となる先制打を放った。二回に山川の本塁打で一点差と迫られると、三回の第二打席でセンターオーバーの二安打目をマークした。

この試合、敵地メットライフドームでヒーローインタビューを受けた北海道日本ハムの主砲は、埼玉西武の主砲の名を挙げて自身を鼓舞した。

「もっともっと、山川選手みたいに打っていきたいです」

あらためて試合後、山川について訊ねると、千賀のとき同様に賛辞を惜しまなかった。

「つねに向上心があって、純粋で、賢くて。それにプロ野球選手として、ああいうスタイルの選手、僕はすごく好きなんです。三振？　べつにいいですよ、一発しか興味ありませんよ、みたいな。僕が、そういう選手になりたかったから。でも、なれなかったから」

好敵手を心から認め、純粋を讃えられる純粋さが、中田翔にはある。

守備

心血を注ぐ打撃だが、それは野手にとって仕事のすべてではない。

指名打者や代打専門を除けば、攻撃で得点する能力と守備で失点しない能力とが、いずれも野手には求められる。

その二つの仕事を、「まったく切りはなして考えている」と中田翔はいう。

ある試合で一、二塁間のゴロを好捕して併殺にし、直後の攻撃で本塁打を放った。このように好守備が好打へとつながる場面を野球ではよく見受けるが、と彼に水を向けてみた。

「その逆で、打てなくて落胆しながら守備についているときはありますけど、ファインプレーしたからといって、よっしゃ、このまま打つぞ、と浮かれた気分で打席に立つということは僕はないです。もちろん、好守備が気分的に悪いはずはないので多少は乗っていけるというのはあっても、またバッティングは、僕の場合はまったく別ものです」

守備は守備、打撃は打撃。

性質がまったく異なる技術を、ともに高い水準で求められる。イニング毎にそれを交互にこなさなければならないが、どちらかに比重を傾けたりするものなのだろうか。

「守備と打撃、大きな違いは守備にはスランプがないことです。だから守備は、あたりまえの仕事をあたりまえにこなして、そのうえで打撃でなにができるか」

「あたりまえの仕事」とはいえ、守備には打撃とは別種の重圧がある。

二〇一九年の首位打者は埼玉西武の森友哉《もりともや》で、打率は三割二分九厘だった。同年の最高守備率は東北楽天の島内宏明《しまうちひろあき》らで、守備率は十割だった。

打撃という仕事の不確実性と、守備という仕事の確実性――否、完全性。

つまり、守備では成功が前提とされており、失敗が許されないという困難がある。

「僕の場合、バットで稼いでいるという意識でもなければ、守備で稼いでいるという意識でもありません。プロ野球選手は野球すべてで年俸をもらって、それで生活できていると思っています。だからもちろん、守備を疎《おろそ》かにすることなんてありません」

ここからはしばらく、その守備について記していこう。

ファインプレー

打者の打球は、投手の投球を凌《しの》ぐ速度がある場合も多い。

ある試合で、一塁右横への強烈なライナー性のショートバウンドに中田翔が横ざまに飛びつき、逆シングルでキャッチして、自ら一塁ベースを踏んでアウトにしたプレーがあった。

わずか一秒にさえ満たないその仕事を、彼は丁寧に説明してくれた。

「打球が飛んでくるとき、とっさに反応して捕っているようにしかスタンドやテレビでは見えなくて、『ナイスキャッチ!』『ファインプレー!』で終るじゃないですか。でも僕らはその反応だけじゃなく、いろんな考えの先にあのプレーが生まれていることを知っています。

まず、バッターのタイプによっても、ピッチャーの球質によっても、キャッチャーがミットを構えている位置によっても、そのときのカウントによっても、微妙に守備位置を変えています。外野手にしても、『キャッチャーが構えた瞬間に、ふと一歩動いた感覚のおかげで左中間の打球に追いつけた』とかいいますから。

僕らファーストは、一歩どころか、半歩……いや一足分、ほんのわずかに右や左に寄るだけで、捕れるか、捕れないかが決まってきます。あのダイビングキャッチも、グラブの先の、このくらいの差でしたから」

そういって彼は、右手の親指と人差指とで一、二センチほどの間隔を示した。

「でも、今日のダイビングキャッチは、わりと正面寄りではあったから、まだイージーボールでしたけどね」

ダイビングキャッチは、すべからくファインプレーに見えてしまう。だがその裏には、プロが培《つちか》ってきた経験を駆使した守備位置の予測がある。イージーになったり、真のファインプレーになったり、ヒットになったりが、親指と人差指の間隔ほどの差で決まっている。

「ぎりぎりで捕れなかったら、試合後の食事のとき、『あのときはこうしておくべきだったよね』とか、そういうほんのわずかな差について僕ら選手同士で話すこともあります。だから守備だけとっても、野球がいちばん難しいスポーツなんじゃないか、と僕がいう理由の一つなんですよ」

二章
技

一塁手

同じ内野手でも、二塁手や遊撃手と、一塁手や三塁手とでは、仕事の性質がまったく異なる。

それは、守備位置が距離的に打席から近く、より速い打球が飛んでくることによる。その距離と速度の差違により、一塁手や三塁手には打球に反応するために与えられる時間が極端に少ない。

「ショートやセカンドなら、カーンと打たれました、打球へ走りました、捕りました、という時間があります。ゴロならほとんど自分の形を作って捕球できるんです。でもファーストやサードは、自分の形を作っている時間なんてありません。百七十、百八十キロぐらい出ている強烈な打球なら、全身グラブぐらいの感覚で打球を止めないといけないんです。バウンドがイレギュラーして、体だけでなく顔に当たったことが何回もあります。ファーストが自分の形を作って、しっかり正面に入って、両手で、はい、捕りました、とできるのはボテボテのゴロぐらいです」

骨格筋を収縮させて強烈な打球を捕球する、いわゆる体性反射は、才能と努力、どちらがより必要とされるのだろうか。

「ファーストの守備に関しては、とにかく練習で数多くノックを受けるしかないんです。プロの世界では、バッティングはどれだけ球数を打ったからといって、打てるようになるわけではないと思います。でも守備は、受ける球数だと僕は思っています」

高校時代投手だった彼は、プロ入り後にその「球数」を受けつづけ、三塁手や左翼手を経験し、いまや一塁手が定位置となった。

二塁手や遊撃手は「センターライン」「内野の花形」、三塁手は「ホットコーナー」と称され、派手なプレーで注目を集めることも多い。ともすると一塁手は、地味なポジションと思われがちだ。

彼はしかし、誇りを持って一塁を守る。

「バッティングでは、まだまだ自分より上に、すごいなと思う選手がたくさんいます。だけど、ファーストに関しての守備、グラブさばきだったら、ほかに上手いなと思う人は正直いません。それぐらいの自信をもってやっています。

それにファーストは、ゴロを捕ってベースを踏むという自分主体のプレーだけじゃないんです。他の野手からの送球を、ことごとくキャッチしてアウトにするという相手主体のプレーの重要性がありますから。僕が捕れれば、相手のミスも、ミスじゃなくしてしまうことができる。だから僕は、ファーストにやりがいも感じています」

「数多くノックを受けるしかない」という努力により、中田翔は一塁手に転向した二〇一五年から、守備力に卓越した選手に与えられるゴールデングラブ賞を二年連続を含む三度受賞している。

送球

一塁手だけは、相手チームの打球を捕球するより、自チームの送球を捕球することのほうが多い。

二〇一九年の北海道日本ハムは、その送球が逸《そ》れることが頻繁《ひんぱん》にあった。一塁手の中田翔が前後左右に伸びて捕球し、ときには併殺を狙った二塁手からの送球にダイビングキャッチまでしたことまであった。

「若い選手にいうんです。『イニング間のキャッチボールのときから、山なりの球とか真っスラ（直球がスライダー気味に変化する球）とか、そんないい加減な球を放《ほう》るな。暴投になってもいいから、しっかり放る習慣をつけろ』と」

死球や自打球で打撲《だぼく》しているときにでも、若手野手の悪送球をエラーにさせまいと、必死に飛びついて捕球している彼の姿は痛々しくもある。それでも、たとえどんなに送球が逸れても、体を張って捕ってあげたい選手がいるという。

捕手としてプロ入りし、その後外野手や三塁手などでレギュラーに定着した近藤健介だ。二〇一九年は八十九試合で外野を守ったが、チーム事情からシーズン中に三十試合だけ、三塁手を任されることになった。

「近藤の送球も、たしかにイニングの合間のキャッチボールでも、ショートバウンドが来たり、あっちゃこっちゃ逸れたりします。でも、いつも一生懸命なのが伝わってくるんですよね。

たとえば、札幌ドームでの試合前のスイングルームで、自分のバッティングの準備そっちのけで、あんなに近い距離のネットに向かって球を放る練習をどれだけしているか。誰も見ていませんけど、そういう努力を近藤はしているんです。

だからこそ、ランナーがいる大事な場面で強くてしっかりした球が来る。もし逸れたとしても、ぜったいにカバーしてやりたいと、僕は思うんです」

三塁でのプレーは、過去に送球イップスを経験している近藤本人にも不安があるはずだ。だがそれを上回る懸命さが、近藤にはある。正面のゴロでも全力で走って捕球し、ステップを多く踏み、矢のような送球で中田翔のミットを鳴らす。

「そう。めっちゃステップを踏んで、強い球をバーンとね。受けている側も気持ちいいし、逸れたら少しでも伸びてやろうと思うし」

その明るく元気で一生懸命な三塁手に、彼はこういう。

「コンちゃん、どこでもええぞ。低めだったら、俺が全部カバーしたるからな。それを俺が捕れんかったら、俺の技術のなさやから、お前が気にすることやない」

伝統

人から人へ受けつがれる優れた職人技術が、プロ野球界にもある。

「暴投になってもいいから、しっかり放る習慣をつけろ」

いま、中田翔が若手に伝えているキャッチボールにおける心得《こころえ》は、そのまま彼自身がいわれてきた言葉でもある。

「まだレフトで試合に出はじめのとき、外野フライを捕ったら格好つけて緩い球を内野に返していたんです。そうしたら誠《まこと》さんに、『おまえ、なんだその球は！』と怒られて」

「誠さん」とは、ファイターズの一軍守備コーチを務める金子誠のことだ。

まだプロ三年目だった中田翔が左翼のポジションにつきはじめた二〇一〇年当時、金子は主に遊撃手としてプレーするプロ十七年目の大先輩だった。金子は若手左翼手の送球に、ことのほか厳しかった。

「山なりの返球が許されずに、『俺の背より低いラインで常にボールを投げろ』といわれたんです。誠さんより低いラインで投げるとなったら強めに投げても届かないから、もう全力で投げるしかないんです。シーズン中の試合はもちろんキャンプ中であっても、勢いをつけてバーンって誠さんに全力で投げていました。

しかも、ショートバウンドすると誠さんは捕ってくれないんです。だからもう必死でした。僕のキャッチボール相手も誠さんで、さすが誠さんはビシッとした球を投げてくるから、僕もキャッチボールでも手を抜いたことがなかったです」

その結果、左翼手として二年目の二〇一一年と三年目の二〇一二年につづけて、外野手としてリーグ最多の補殺を記録した。

外野手の捕殺とは、たとえば飛球を捕球した外野手が中継の遊撃手へ送球し、遊撃手が捕手へ送球して本塁上で走者をアウトにした場面で記録される。まさにその最多記録は、金子が彼に求めていた全力送球の賜物《たまもの》といえる。

「あの誠さんへの返球やキャッチボールがあったからこその、シーズン十九捕殺だと思います。普段から手を抜かないことの大切さを、誠さんが気づかせてくれました。それがいまの僕にも生きていると思います。送球に関しては、なんの苦もないですから」

そして、彼はいま、若手選手に伝えている。

「暴投になってもいいから、しっかり放る習慣をつけろ」

日本記録

二〇一二年、プロ野球界で五十二年もの長きにわたって破られることがなかった、不滅と思われていた記録が更新された。

それは、外野手によるシーズン併殺記録である。

併殺とは、一つのプレーで走者を二人アウトにすると記録される。内野手に多いプレーだが、外野手にも稀にある。たとえば外野フライを捕球し、本塁へ送球してタッチアップの走者をアウトにする場面が代表的だ。

その外野手併殺を中田翔がシーズンで九つ記録し、五十二年ぶりにプロ野球記録を塗りかえた。

なぜ外野手併殺が不滅といわれてきたか。それはこれまでの記録がシーズン八つで、その三度のタイ記録が、原田徳光《はらだとくみつ》（一九五〇年、中日ドラゴンズ）、岩本義行《いわもとよしゆき》（一九五一年・一九五三年、松竹《しょうちく》ロビンス・大洋《たいよう》松竹ロビンス）と、いずれも一九五〇年代の選手だったことによる。外野手併殺は狭い球場がほとんどだった戦後すぐの一九五〇年代がむろん有利で、広い球場が増えた昨今、彼らを上回る記録は現れないと目《もく》されてきた。

それを、広い札幌ドームで中田翔が達成した。

いわゆる強肩は、高校時代に投手として最速百五十一キロを記録したこともある彼の才能ではある。

しかし、野手に転向した当初は、むしろそれが災《わざわ》いした面もあるという。

「イップスになるくらい送球がひどかったんです。肩が強いから有利かと思われるかもしれないですけど、僕みたいな肩が強い選手がイップスになると、いちばん質《たち》が悪いんです。レフトで試合に出られるようになってから、外野フライを補球してバックホームへバーンと力を入れて投げたら、ボールが相手ベンチに入ったことがありましたから。札幌ドームでの試合でピッチャーはダルビッシュさん。胃痛になりました」

日本記録を誇ることもなく、若かりし失態をそういって笑いとばす。

彼の強肩のような天賦《てんぷ》の才は、たしかにプロ野球選手にはそれぞれ与えられてはいる。西川遥輝の俊足や、近藤健介の選球眼や、大田泰示《おおたたいし》の体格や。ただ、それだけで第一線でやっていけるわけでは決してない。

ピラミッドにたとえるなら、才能とは四角形の平面的な土地の広さではなかろうか。授《さず》かったそこに、四角錐《しかくすい》の立体的な建造物になるよう石を一つずつ堆《うずたか》く積んでゆくのは、本人の果てしない努力である。

「いま送球に四苦八苦している若手にいうんです。『俺なんて、サードをやりたてのときは、ゴロを捕ってファーストに投げるとスタンドに入っていたよ。おまえらの悪送球なんて比じゃないよ。でもいまは、そんな暴投を絶対にしない自信があるよ。だから、毎日のキャッボールから大切に、しっかりやっていくしかないんだよ』と」

おそらく、今後も長く、外野手併殺日本記録保持者でありつづけるだろう彼の言葉には、石を積みあげた努力ぶんの重みがある。

三章　体

シーズンオフ

一月の自主トレーニング、二月の春季キャンプ、三月のオープン戦、そこから秋までつづく、ペナントレースとポストシーズン、そして、十一月の秋季キャンプ……。

肉体を酷使《こくし》しつづけるプロ野球選手にとって、十二月はようやく一息つける、一年中の疲労を落としきるような休息の時期となる。

札幌を訪《たず》ねると、吹雪《ふぶき》だった。

強風で雪が横殴《よこなぐ》りにこちらへぶつかってくるのみならず、地面に積もったばかりの粉雪《こなゆき》も舞いあがっていた。裏路地《うらろじ》はすぐ先さえ見通せず、凍結した歩道を歩いている者は少なかった。

そこに、中田翔がやってきた。

近くの駐車場に車を停《と》め、そこから徒歩で歩いている。白いダウンのロングコートに身を包んではいるが、その下は黒いトレーニングウェアだった。

「シーズン中は本格的なトレーニングができないので、この時期にやらないとね」

平日の午後、市内のトレーニングジムには客が一人もいなかった。そこで彼は、バーベルという金属と二時間以上向きあう。

トレーニング中、彼はほとんど話さない。一月に若手数人を呼ぶ自主トレも同様なのだが、「会話をすると気づかないうちに少し休んでしまって、筋肉に刺激を入れる運動に集中できなくなってしまうから」という。

人間も動物だ。その脳は無駄なエネルギー消費を避けるため、可能な限り休もうとする。それに抗《あらが》うかのように、ようやく訪れた休息期にもかかわらず、ジムで黙々とバーベルを上げる彼は、極寒の地で汗みずくになっている。

バーベルを上げる回数が限界に達しそうになると、大声で叫んで力を振りしぼる。スピーカーから流れる軽快なBGMに、痛切な叫び声が重なって響く。

「高校時代はベンチプレスを百三十キロは挙げていたんですけどね。いまはどうかな……」

そういうと彼は、まだオフのトレーニングを再開したばかりだというのに百二十キロを上げてみせた。さらにそこから二時間半、様々な過酷なメニューを休むことなく次々とこなしていった。

その日の最後のメニューは、ことのほか苛烈《かれつ》なものだった。床《ゆか》に寝そべって両手を頭のうしろに組み、上半身だけをわずかに起こして腹筋を途中で止めた姿勢を保つ。そこに、バスケットボールに砂の重りが詰められたようなメディシンボールを、腹部めがけて投げおとしてもらうのだ。しかも、連続して二十回も。

落とされるたびに小さく呻《うめ》き、ラスト二十回目には大きく呻いてすぐに立ちあがると、彼は頭を幾度も振って膝《ひざ》に手をついた。

「頭がガンガンしてきます。これ、きつい……」

そういって少しだけ休むと、同じメニューを三セットくりかえし、最後はしばらく床に寝そべった。

「トレーニングをしたあとは炭酸を飲みたくなるし、あくびが出るんです。体が酸素を欲しがっているんでしょうね」

普段から頭痛持ちで、トレーニング後には鎮痛剤が欠かせない。

「でも、今日なんて追いこんでいるわけじゃないから、まだまだです。来月、大阪でやる自主トレはこんなもんじゃないです。後輩何人かと一緒にやるんですけど、あいつら、吐《は》きながらやっていますから」

大阪のジムにはバケツが用意され、若手はそれを抱えて吐きながら、彼と同じメニューに必死についていくという。

この日、札幌でのメニューを終えた彼は、床で少しだけ休んで立ちあがると、黒いトレーニングウェアの上にまた白いコートを纏《まと》って帰っていった。

むろん、シーズンオフに体を休めているプロ野球選手もいることだろう。中田翔にとってのシーズンオフはしかし、野球を終えたという肉体の安息ではなく、また野球をはじめるための、肉体の緊張にほかならない。

死球

右中間へ適時二塁打を放ったあとの、その試合の最終打席、中田翔は左肘《ひだりひじ》に死球を受けた。

顔を歪《ゆが》めて激痛を堪《こら》え、なんとか一塁へと歩きだした。その姿が心配になり、ゲームセット後にスマートフォンで具合を訊ねた。

約一時間後に、一言だけ返信があった。

《痛いです笑》

軽傷だったことが、最後の一文字にうかがえて安堵《あんど》した。

しかし、後日その死球について直接話すと、プロ野球選手の《笑》が、いかに笑うことなどできないものかを再認識させられた。

「肘はレガースをしていても痛いんですけど、あのときはちょうどレガースの角の薄いところだったからほんとうに痛くて。当たってから一週間は、ずっと痛かったです。当たったのが二の腕の大きな筋肉だったら、三日くらいで腫《は》れが引くので、まだよかったんですけど」

肘になにかをぶつけると、痺《しび》れたような痛みを感じたことは誰にでもあるだろう。肘関節とは、脳にそれだけの信号を送るほどに敏感で重要な部位といえる。その肘関節に、プロの投手が投げた速球が当たることは想像を絶する激痛だ。

「でも、このくらいで試合を休むなんて、できるはずないんでね」

どれだけ肉体を鍛錬《たんれん》しても、刹那《せつな》にすべてが無駄になってしまうこともある。

中田翔の、二〇一三年がそうだった。

本塁打数がリーグトップで、初の本塁打王を射程圏内に捉えていた夏の終り。左手甲に死球を受け、左手第五中手骨を亀裂骨折した。残りのシーズンを棒に振り、本塁打数は二十八本のままでリーグ二位。タイトルを逃した。

あの《笑》の左肘の痛みがようやく消えた三週間後、こんどは左脇腹に百四十二キロの死球を受けた。

マウンドの投手を、おもわず彼は睨《にら》んだ。

そして、歩かされた先の一塁ベース上でマウンドの投手と眼が合った瞬間、なにやら叫んだ。

そのせいではないだろうが、そこから投手は崩れだし、五点差が一挙同点に。彼への死球がその呼び水となったわけだ。打者のみならず、ときに投手にとっても死球は痛いものになる。

「わざと当てたんじゃないとわかってはいるんです。だけど当たった瞬間、痛すぎて、いらっとしてしまって」

その試合後、球が当たったばかりの左脇腹の患部をシャツを捲《めく》って見せてくれた。擦過傷《さつかしよう》による出血の痕《あと》があり、周囲全体が赤く腫れあがっていた。

観客にとっては、死球も、四球も、ただ打者が一塁へと歩かされるプレーに過ぎない。自分自身しか知ることのない痛みを抱えながら、また翌日、死球の可能性がある打席へと、プロ野球選手は向かってゆく。

激痛

中田翔が受けた死球は、過去十年間で四十三個に達する。レギュラーとして試合に出場するようになってからは、死球の激痛を感じずに済んだシーズンは、ただの一度もない。

しかし、試合中の彼は痛い素振りを見せないことが多い。こんな話を彼にしたことがあった。メジャーリーグには暗黙《あんもく》の決まりごと、いわゆる不文律《ふぶんりつ》が数々存在するが、死球を体に受けてもその箇所《かしょ》を手で摩《さす》ってはならないというものもある。すると彼は、当然のようにこういった。

「僕も、それはあるかもしれません。ユニフォームに掠《かす》ったのなら、『当たった、当たった』とアピールすべきかもしれないですけどね」

サッカーやバスケットボールは、審判への派手なアピールが相手のファウルにつながったりもする。ときには痛くもないのに立ちあがらない時間稼ぎが、「マリーシア（ずる賢さ）」と称賛されたりもする。だが野球は、どんなに痛がっても得るものはなにもない。ゆえに彼が死球で悶絶《もんぜつ》していることがあるとするなら、それは隠しきれないほんとうの痛みに襲《おそ》われているときである。

「いちばんきつかったのは、松坂《まつざか》さんの肘か、涌井《わくい》さんの膝かな」

「松坂（大輔《だいすけ》）さんの肘」とは、二〇一八年七月十三日のオールスターゲーム第一戦で左肘に受けた死球だ。直後から左手に力が入らなくなり、守備につけなかったのはもちろん、第二戦に欠場しなければならなくなった。日常生活にも支障を来《きた》すほどだったが、それでもペナントレース再開二試合目にはもう戦線復帰している。ちなみに、彼がレガースを着用するようになったのは、この死球がきっかけである。

「涌井（秀章《ひであき》）さんの膝」とは、二〇一四年七月六日の千葉ロッテ戦で左膝に受けた死球だ。現役最多の与死球記録を持つ投手から受けた負傷は、精密検査の結果、交通事故等に多い骨挫傷《こつざしょう》だった。強い衝撃で骨の内部組織が損傷して出血する骨挫傷は、完治までは骨折より長引く場合が多いとされる。だが彼はこのときも、内出血して患部に溜まっていた血液を抜き、二試合欠場しただけで戦列に戻っている。

しかも、二〇一四年の場合は、五月上旬から右太腿裏に肉離れ寸前の痛みもあった。さらにこの左膝骨挫傷の約一カ月半後には、スライディングの際にまた同じ箇所を負傷するなど、両脚に激痛を抱えることになった。それらの痛みを彼が報道陣に知らせなかったことで、満足に走れない姿が「怠慢プレー」と取られることもあった。だがそれでも試合を休むことはせず、打ち、走り、守った。

「若手とは違って、僕らレギュラーメンバーはそんな程度で欠場はできないんです。出てあたりまえみたいな、そんな感じです。試合に出る以上は、痛いなんて口にできませんし」

満身創痍《まんしんそうい》の主力選手を、それでも起用しつづける首脳陣の判断が正しいといわざるを得ないこともある。

その証拠に、右太腿《ふともも》と左膝を負傷しながら、涌井からの死球よりわずか二十日後には、プロ七年目、通算九十五本目で自身初の満塁本塁打を放って、チームを逆転勝利に導いている。

「プロ野球選手は、みんなどこかしら痛みを抱えながらプレーしていると思います。いまの僕も、左脹脛《ふくらはぎ》、右足首、首、腰、どこも痛いですから」

では、シーズンを通してどこも痛みがない時期はあるのかと問うと、彼は即答した。

「開幕して最初の、三連戦ぐらいじゃないですかね」

恐怖心

強さばかりではない。

むろん、プロ野球選手も生身の人間であり、痛みもあれば怖さもある。

表面が硬い皮革で覆《おお》われ、重さ一四一・七グラム以上ある硬球が、百五十キロもの速度で迫りくるのである。

そういう意味で打席は極めて危険な場所といえるが、そこに立つ打者の恐怖心とは、いったいどのようなものだろうか。

「恐怖心はあります。当てられたら当然痛いわけですから。石ころが当たるようなもので、人から拳《こぶし》で殴《なぐ》られるより痛いんです。打席に立つとき、当てられるかもしれないと、ちらっと脳裡《のうり》に過《よぎ》ります。バッターのインコースを衝《つ》かないと打ちとれないわけで、ピッチャーもそこを狙っていますから。インコースから外れて、こっちに来るんじゃないかとか。速球派ピッチャーの球なら、このへんに来たら避《よ》けられないですから」

そういって彼は、球に見立てた自身の拳で左側頭部を叩いてみせた。

事実、プロ野球ではなく高校野球だが、二〇一八年に左側頭部への死球による痛ましい死亡事故も起きている。

人に被害が及ぶ不慮《ふりよ》の事故の多くが、速度と関連性がある。投手の投球は百五十キロ以上にもなるが、球速はバットに当てられないための武器になるのみならず、打者に対する心理的優位をもたらしてもいる。

「バッターはもちろん怖いです。『インコースを怖がるな』という人がいるなら、百五十キロを超える球がどんなものなのか、打席に立ってもらいたいです。

僕らはもう慣れているから百五十キロでもコースを見分けられますけど、ふつうの人だったら、コースどころか、ボールそのものを見ることすら無理。『えっ、これを打つの?』となりますよ」

しかも、投球は直球だけではない。頭をめがけて飛んできて、曲がりながら落ちてストライクになるカーブもある。反対にストライクかと思いきや、打者の腹を抉《えぐ》るかのように曲がってくるシュートもある。

「ツーシームが抜けて、右バッターの頭にバーンと来たりすることも実際にあります。それが怖くないはずがない。もし観客がそれを体験できたら、おそらく応援の仕方が変わると思います。『打てよ、おまえ！』ではなく、『頑張れよ、当たりそうな球が来たらうまく避けろよ』と少し優しくなるかもしれませんね」

いかに打席が危険でも、そここそがプロ野球選手の職場であり、逃げるわけにはいかない。投手とだけではなく、自身の恐怖心とも、懸命に闘っている。

自打球

痛い話が、まだつづく。

打席で打者の体に球が当たるのは、死球だけとは限らない。

約一カ月の間に左肘と左脇腹に当てられた二つの死球の合間のことだった。第一打席に左中間席へ2ラン、第二打席にも左中間席へ2ランを放ち、二打席連発を記録した直後の第三打席。大仕事の後、彼は痛い目に遭《あ》った。それはなにかの比喩《ひゆ》などではなく、文字どおりの意味だった。

スイング直後に、いきなり打席で倒れた。試合後、彼にその瞬間スタンドからではなにが起きたのかわからなかったと告げると、頷《うなず》きながら微笑んだ。

「僕がいちばんわからなかったです。なにが起こったんだ？　痛ってぇ……って。バッティングの状態が悪いからこそ、あんなことが起こるんですよね」

内角球を強振した打球は真下へと飛び、自身の左膝を直撃していた。

いわゆる、自打球である。

心配した栗山監督やトレーナーが打席へと駆けつけて様子をうかがった。しばらくしゃがんだまま彼は動けなかった。

「もろに当たって、めっちゃ痛くて、泣きそうでした。ほんとうに」

それでもなんとか立ちあがると、その打席こそ三振で退《しりぞ》いたものの、出場続行した第四打席には左翼線へ軽打を放って二塁ベースまで痛いその脚で走った。

その自打球で膝を打撲した患部を試合後に見ると、熱を持って痛々しく腫れあがり、皮膚の内側には内出血が見られた。一週間後にどうなったのかふたたび見せてもらうと、内出血が凝固《ぎょうこ》して赤みがどす黒く変化していた。だが、もっと驚いたのは、二カ月も経ってから短パンをはいている彼を目にしたとき、まだ皮膚が黒ずんで自打球の痕がくっきりと残っていたことだ。

「ちょっとは色が薄まってはきましたね。治療というか、冷やして、電気を通して、鍼《はり》を打って、血を散らして……。ごまかしごまかしやるしかないんです。走るたびに痛くて、いまでもまだ少し痛みが残っています」

打者の体に打球が触れた場合、ファウルボールになるだけでプレーは進行しない。それだけに、自打球は観客にとっては時計の針が進むだけの意味のない時間である。

ただ、ほんとうは、自打球とは観客にとっても重要な意味を持つ。

中田翔が自打球に倒れた四カ月後、海の向こうメジャーリーグでは、前年首位打者とMVPを獲得したクリスチャン・イエリッチ外野手が、突然球場から姿を消した。この年も打率三割二分九厘、四十四本塁打、九十七打点、三十盗塁を記録し、二年連続となるMVP受賞がかかっていた。

その大車輪の活躍をしていた選手が、自打球で右膝を骨折して戦線離脱したのである。

たった一つのファウルで、主役である選手の活躍を目にする喜びを失ってしまうこともある。

あの膝への自打球を受けた中田翔が、打席で立ちあがり、不屈にも二塁打を放ってみせたのは、打球が自身に当たるという不運と、そして、骨が折れてしまわなかったという幸運による。

三十歳

二〇一九年四月二十二日、中田翔は三十歳の誕生日を迎えた。

前年の二十代最後の誕生日には、先制犠飛、中堅フェンス直撃の適時二塁打、バースデー3ランホームランと、五打点の大活躍で、お立ち台でケーキを食べてチームメートや観客から祝福された。

しかし、三十歳になったこの日は試合がなかった。

三十路に足を踏みいれた心境を訊くと、興味深い比較を彼ははじめた。

「僕らプロ野球選手は、高卒にしろ大卒にしろ、野球しかやってきていないんです。ふつうの会社員みたいに、高校時代、ペンを持ってこなかったし、黒板を見てきませんでした。だから、わかりやすくいえば、社会で通用していくための能力は僕らは劣《おと》っているわけです。いまから『パソコンをいじれ』といわれても、無理ですしね」

「ふつうの」とは、球界とは一線を画《かく》す、一般社会のことであろう。

同じ人間として、同じ国に生まれ、同じだけの時間を過ごし、同じだけの年齢を重ねてきた。そんな同じ三十歳でも、三十年間に為《な》してきた経験によって、様々な能力に優劣が生じることは否めない。

けれども、「ふつうの」の三十歳が、けっしてできはしない、三十歳のプロ野球選手にしかできないことがある。プロ野球選手の職場ではパソコンは必要ない。バットやグローブが、彼らが生きてゆくための道具だ。そういうと彼は、自分に頷くように、「うん」といった。

「たしかに僕の仕事は、失敗したらどうしよう、と自分のことだけを考えていられるレベルではありません。失敗したらどうしよう？　いや、おまえ、打て、ぜったいに打て、球場全体がそんな雰囲気になるなかで仕事ができるかどうかですから。

それだけの厳しさを、たかが三十歳ですけど僕らは経験してきています。だから、ふつうの三十歳とは、価値観がいろいろ違って当然かもしれませんね」

一般社会なら三十歳は、まだ若者の部類に入るだろう。政府が平成二十六年に発表した『子ども・若者白書』でも、三十四歳までが若者と定義されている。

「ふつうの三十歳は、きっとまだ、自分が若い気でいるかもしれないですね。給料も上がっていくだろうし、いろんなことがこれからだと。

でも僕は、三十歳は、若くはない、もう落ち目だと思っています。実際に体力は落ちていると感じますし、僕らはいつ首を切られるかわかりませんから」

三十歳にして老境《ろうきょう》に達し、切迫感があるプロ野球選手は、だからこそ一日一日を精いっぱい生きられるのだろう。

「『衰えたな』といわれないように、これからも頑張っていきたいです。いろんな意味で、少しでも成長していければ」

三十歳になった当日は試合がなかった。

しかし、前日の試合、初回に応援席から一日早い『ハッピー・バースデー・トゥー・ユー』を大合唱してもらった。

「三十歳になったことなんて、嬉しくもなんともないです。でもね、三十歳にもなって、たくさんのファンのみなさんにこうして祝ってもらえるのは、ほんとうにありがたいです」

寿命

プロ野球選手にも寿命がある。

最も長くプレーできた選手でも、山本昌《やまもとまさ》投手の五十歳である。野手でタイトルを獲得した一流選手となると、一九八八年に門田博光《かどたひろみつ》が本塁打と打点の二冠王に輝いた四十歳が、いまだ最年長記録となっている。球界不世出のスーパースターでさえ、長嶋茂雄《ながしましげお》が三十八歳、王貞治が四十歳でユニフォームを脱いでいる。

プロ野球選手は、たとえ三十歳でもけっして若いとはいえない。

「今日、試合を見てもらっていたらわかると思うんですけど、僕、最年長ですから。レフトを守っていた当時は最年少だったんですけどね」

その日の試合、たしかに出場した選手すべてが彼より歳下《としした》だった。

前述の史上初となる五十歳選手の出現により、プロ野球選手の寿命は延《の》びているような印象がある。だが実際の平均値はその逆である。統計学者の鳥越規央《とりごえのりお》江戸川大学客員教授によれば、プロ野球選手の十年以上在籍年確率は、一九九三年から一九九九年まででは四十八・三パーセントだったが、二〇〇〇年から二〇〇八年になると四十一・一パーセントにまで下がっている。

「『まだ三十歳じゃないか、全然これからだよ』、よくそういわれるんですけど、僕らからしたらそうじゃないです。プロ野球選手としての三十歳は、まだ三十歳なんかじゃなく、もう三十歳なんです。

『まだ三十歳じゃないか』という人に訊きたいのは、『じゃあ僕、あと二十年、三十年、野球ができるんですか?』。できるわけもないですよ。『まだ三十歳じゃないか』、そういえるのは、プロ野球のレベルの高さや厳しさだったり、僕ら選手が精神的にどれだけのストレスを抱えていて、肉体的にもどれだけ痛みを抱えながらやっているかだったりを知らない人だと思います。もし、『まだ三十歳じゃないか』といえるほどに簡単なものなら、五十歳、六十歳まで、みんなやっているはずです」

長くはないプロ野球人生。

十年生き残れる者さえ四割ほどしかいない、過酷な世界。

そこで十二年間やってきた彼は、未来を見据《みす》えてなどいないという。

「『四十歳までやることが目標です』という選手もいるのかもしれませんけど、僕は違います。長いこと残ってまで、プロ野球選手でいたいとは思っていません。この先選手として、未来のことなんか、どうなるかわからないですから。そんなことを考える余裕もないですし。若手もどんどん出てくるし、首を切られるかもしれないし。一年でも長くとか、まったく考えていません。とにかく、いまを頑張るだけ」

長さばかりではない。

人の生涯と同じように、プロ野球選手も限りがあるからこそ、精いっぱい生きられる。

平成生まれ

昭和のプロ野球選手といえば、ネオン街で派手に豪遊する逸話に事欠かなかった。

昭和もすでに末期の一九八七年でさえ、不摂生が祟《たた》って肝炎が発覚し、その後は試合前に点滴を打って出場した指名打者が話題になったことがあった。パ・リーグタイ記録となる六試合連続本塁打を達成した武勇伝は、《点滴パワー》などと当時報道された。

中田翔は、かろうじて平成生まれである。昭和が終って百日余りのちの、一九八九年四月二十二日に生まれた。だが平成生まれにもかかわらず昭和の雰囲気を残す希少な選手で、若かりし頃は銀座や六本木のクラブに出入りした。

「若い頃はよく飲みあるいていましたね。ビール飲んで、ハイボール飲んで、ワインも一人で三、四本飲んで……。僕、ワイン大好きなんです。そこからまだ飲みにいくぞって、テキーラ飲んで。いま、そんなことやったら翌日死にますね。いまはもうそんなに飲まなくなりました。翌日、顔がパンパンに浮腫《むく》むし、頭がガンガンするんです」

そういって懐かしげに笑う彼は、もう何年も前から試合後に飲み歩かなくなった。都内で筆者と食事する際も、チームの宿舎に程近く、銀座や六本木からは程遠い店ばかりだ。しかも早い時刻には食事を終え、翌日の試合に備えて宿舎の部屋へと帰る。

「札幌ドームで試合のときは自宅で夕食をとって休むだけです。遠征先のホテルでは、選手に用意されている夕食を食べることはないです。ホテルの食堂に僕がいることで、若い後輩たちに気を遣わせたくもないですし。

だからコンビニ弁当と缶ビールを二本ぐらい頼んで買ってきてもらって、それを部屋で食べて寝るだけです。いまはちょこっと飲んだら、ぱっと眠れるので」

イメージとは掛けはなれた、コンビニ弁当と缶ビール二本。

「若い頃はお金使うことがステイタスで、まあ、ある意味、格好つけの面もあったんです。だけどいまはべつにそんな必要もないし、子どももいるし、もったいないですよ、お金が。ふつうの三十歳よりも自分のお金でよく遊んだけど、そのぶん、気づくのも早かったのかな」

この話を聞いた晩、牛タンが美味《うま》い店で食事を済ませた平成生まれは、すぐ近くのチームの宿舎まで歩いて帰っていった。

家族

シーズン終盤ともなると、肉体的にも精神的にも、徐々に限界が近づいてくる。

プロ野球選手が怪我をして思うようなプレーができなくとも、失敗をして万余の大観衆から責められようとも、どんなときでも味方でいてくれる存在がある。

それは、家族だ。

「家に帰れるということ。それは大きいです。二週間ぐらい遠征に出ていて、久々に家に帰れるとなったら嬉しいですもん。ふつうの人たちはそうは思わないかもしれないけど、プロ野球選手は家を空けると長いでしょ。しかもそれが定期的に来るから。一週間はざらで、二週間、三週間、キャンプのときには一カ月以上ですし。自主トレも僕は大阪で集中してやるので、もちろん家族に会えないことは割りきってやっています。だけど、やっぱり、家族の顔を見たくなるんですよ。どこにいても」

プロ野球選手にとって、家族の支えがどれだけ重要なものか。

「僕らは、活躍するときも恥をかくときも、何万人という人には見られているんです。ストレスとかプレッシャーとかは、もちろんふつうの人には理解してもらえないものですよね。エラーして点を失ってサヨナラ負けしました、『おーいっ！』と怒鳴《どな》るのが、もし二、三人の上司だけなら、悔しいけどまた明日頑張ろう、そう思えるかもしれません。だけど僕らは、球場全体の期待を裏切ってしまうわけですから。これぱかりは、試合に出ているプロ野球選手にしかわからない気持ちだと思います。

その球場から帰って、どれだけ疲れたり、どれだけ落ちこんだりしていても、子どもの顔を見たら、また頑張ろうと思えるんです。それはどんな職業でもあるでしょうけど、僕らの場合はほんとうに家族に救われていると思います。パフォーマンスに関わるぐらい、家族から貰《もら》っているものは大きいんじゃないかな」

しかし、その家族に、プロ野球選手はなかなか会うことができない。とりわけ北海道をフランチャイズにする球団に所属して札幌に居を構えている彼の場合、ホームゲーム以外はホテル暮らしになる。家族持ちのＦＡ取得選手が在京や在阪球団への移籍を希望することがあるが、それはビジターゲームでも自宅から通える試合が増加するから、という理由もある。

「上の娘が小学校に通いはじめてからは、僕がオフでも平日なら、どこかへ一緒に行けなくなりましたよね。パパがオフの日なら簡単に学校を休めてしまう、と思わせたくもないですし。

それに、多くの家庭と違って、僕らにはふつうのパパができませんから。娘たちが初めて立った、初めてよちよちした、初めて喋《しやべ》った、ぜんぶ見られなかったですから。遠征先から家へ帰ったら、えっ？　もうよちよちしてるやん！　って。赤ちゃんが喋りはじめるとき、ママでもないパパでもなくて、『うわうわ……』みたいなことをいいだしますよね？　それも嫁が毎回ムービーで送ってくれるのを見ながら、ああ、見たかったな、目の前にいたかったな、と思いましたもん。学校行事なんてほとんど行けてないですし。娘の運動会、発表会……そんなことは、ちっさい幸せかもしれないですけど、僕には、ないですね」

日本中の家族を楽しませているプロ野球という国民的娯楽は、プロ野球選手の家族との小さなしあわせを犠牲にして成立している。

それでも、束の間の安らぎを家族から得て、またたくさんの家族の期待に応えようと、プロ野球選手は球場へ向かう。

球場

ときに野球は不公平なこともある。

どれだけ肉体を鍛えようとも、球場の広狭《こうきょう》による彼我《ひが》の差がまぎれもなく存在する。

北海道日本ハムが本拠地とする札幌ドームは、両翼百メートル、両中間百十六メートル、そして中堅百二十二メートルと、プレーフィールドが一万四千四百六十平米で、プロ野球のホームスタジアムで最も広い。さらには面積のみならず、フェンスの高さも五・七五メートルと最も高い。

一方、公認野球規則の野球場の規格では、両翼三百二十五フィート（九十九・〇五八メートル）、中堅四百フィート（百二十一・九一八メートル）以上なければならないとされているが、じつはそれを満たしていない球場もある。明治神宮野球場、横浜スタジアム、阪神甲子園球場の三球場である。

それは一部の選手、とりわけホームランバッターにとって、あきらかに有利不利が生じることを意味する。

「公式球の違いは話題になって統一球になりましたけど（二〇一一年度よりミズノ一社に統一）、むしろ球場を統一してほしいくらいです。選手の記録が、それで大きく変わってくるんですから」

それは事実で、福岡PayPayドームは二〇一五年にオーナーの意向により、フェンスの一部が六メートル手前に、高さが約一・六メートルも低く造られた「ホームランテラス」と呼ばれるいわゆるラッキーゾーンが新設された。そこを本拠地とする福岡ソフトバンクのチーム本塁打数が前年比四十六本増え、両リーグトップの百四十一本を記録した。

また二〇一九年にやはりフェンスまでの距離を四メートル狭めたZOZOマリンスタジアムでも、本拠地とする千葉ロッテのチーム本塁打数が、前年比五十四本増の百三十二本となった。それは千葉ロッテが川崎から千葉移転後の最多である。

札幌ドームでは、他球場なら本塁打性の当たりがフェンスに直撃したり、その手前で捕球されたりする場面が毎シーズン幾度となくある。もし、ここまでフィールドが広くはなく、フェンスも高くはなく、球場に阻まれていた打球が柵越えしているとなると、本塁打数はもちろん、打点も打率も違ってくる。

「他の球場へ行くと、どこも狭く感じます。東京ドームなんて、めちゃくちゃ狭いです。

だから僕らが東京ドームで試合をやるとき、ホームランが多いですよね。一試合に八本も出たことがありました。

気分もぜんぜん違います。フルスイングなんかしなくても、逆方向へとポンと打てばライトスタンドに入りますから。札幌ドームなら、それじゃライトフライです」

しかし、プロ野球選手たちは自身に与えられた条件で、最善を尽くす。

彼もそうだ。札幌ドームの高いフェンスの手前で外野手に飛球を捕られようとも、それさえも超越《ちょうえつ》する肉体を鍛えあげることにひたすら苦心している。

「どれだけ筋トレしたからとか、どれだけバットを振ったからとか、それで結果が出るような甘い世界ではないということぐらい、自分がよくわかっているんですけどね……」

二〇一九年七月七日、七夕《たなばた》の日。

愛娘《まなむすめ》が短冊《たんざく》に願いを書いた。

《パパがホームランを60ぽんか70ぽんうってほしいです》

「無理やろ。どうやって打ったらいいんや、七十本も」

苦笑いした翌日、千葉へと旅立つと、彼は打った。

第一打席、四メートル前に迫りだしたZOZOマリンスタジアムの新たなフェンスを軽々と越え、さらに本来のフェンスをも越えて左中間席へ飛びこむ先制2ランホームラン。

第二打席でも、同じく左中間へ二打席連発となる勝負を決める2ランホームラン。

この年、終盤は怪我に見舞われながらも、通算七シーズン目となる二十本塁打以上を達成した。札幌ドームを本拠地としながら、張本勲、大杉勝男に次ぐ球団歴代三位の二十本塁打以上到達回数に、彼は名を刻んだ。

スタメン

プロ野球選手の痛みは絶えない。

移動中に狭いエレベーターに一緒に乗っていたとき、首の左側にシールらしきものが貼《は》られているのに気がついた。

「これ、血行がよくなると聞いたんです。こういうものに頼るようになるんです、歳《とし》をとればとるほど。ブレスレットとネックレスも、医療器具として認定されている血行がよくなるものをつけています。体が少しでも楽になるものをいろいろ試すようになりました」

試合に出場している限り、外傷の危険性はつきまとう。この数日後にも、一塁守備で三塁からの悪送球がワンバウンドして右脹脛《ふくらはぎ》を直撃した。その試合はフル出場したが、一夜明けると内出血を伴う腫れと痛みで試合前練習と出場を回避するほどに。アイシング治療で回復を待つことになった。

幸いなことに一試合を欠場したのみで、スターティングメンバーには戻った。その姿を見たファンは休養後の無事に安堵したかもしれないが、実際は休養前と状況に大差はない。患部は腫れたまま痛みに堪えながら、彼は、いや彼らはグラウンドに立っている。

「僕だけじゃない。スタメンでレギュラーとして出場している選手はみんな疲労が溜まっていて、腿《もも》の裏が張っているとか、腰が痛いとか、膝がヤバいとか、そんなもんです。これはうちのチームに限らず、どこも同じだと思います」

そんな言葉は球場へ入ったら飲みこんで、監督がスタメン表に彼の名を書きいれたのなら、黙って一塁の守備や打席へと向かう。

「今日は翔で勝ちにいくしかない」

試合前、彼に期待を寄せていた栗山監督が、わざわざ名を挙げてスタメンに復帰させた。

その四番打者は、右脹脛の打撲を抱えたまま、二回に左中間へ2ランホームランを放って勝利に貢献した。本塁打は全力疾走せずともよく、そのことからも最善の結果だったといえよう。

しかし、彼が最も気にしているのは、右脹脛のことでも、本塁打のことでもない。これで三連勝となり、後半戦八勝一敗。二週間前には七ゲーム差あった首位福岡ソフトバンクに一・五ゲーム差に迫ったというチームの結果だけだ。

「チームが勝つために、自分の仕事を全《まっと》うするだけです」

試合後、報道陣に囲まれた彼は、言葉少なに宿舎行きのバスへと乗りこんだ。

翌日も、その翌日も、スタメンには万全であるはずのない選手の名が記されてゆく。

遠征

「しんどいな……」

後半戦は、それが選手同士の挨拶のようになる。

怪我ばかりではなく、プロ野球選手には疲労もつきまとう。

とりわけ北海道日本ハムはプロ野球最北端の本拠地から、道内を除く遠征のすべてが飛行機での移動になる。最長で福岡まで直線距離で千四百キロ超。遅くまでナイターを戦った翌朝、早起きして飛行機に乗りこんで札幌へと戻ることもある。

二〇一九年の序盤には、福岡から札幌へ戻った当日、通常は試合開始四時間前から約二時間行われる全体練習を、大幅に短縮した栗山監督の判断もあった。二時間の練習で技術をわずかに上げるより、疲労を少しでも軽減させて状態を上げることを優先させた。

移動も日程も、より過酷な北米のメジャーリーグでは、移動日やナイトゲーム翌日のデーゲームでの試合前には練習をほとんど行わない。日本のプロ野球では珍しいメジャー流の調整法を、北海道日本ハムが先んじて採用した。

　しかし、全体練習が短縮されたにもかかわらず、その日も試合前には打球音が札幌ドームの天井に反響していた。二十九打席無安打だったことから、中田翔が志願してフリー打撃を敢行したのである。

　その甲斐もあってか、試合では彼の適時打で勝利した。とはいえその代償として、疲労は確実に蓄積されてゆく。

「移動もそうですけど、野球だけですからね、一シーズン百四十三試合もしているのは。野球をやっている自分がいうのもなんですけど、プロ野球がいちばんしんどいスポーツだと思うんです。サッカーの試合は週末が主だし、バスケットボールは試合途中の選手交代で休めるし」

　野球のレギュラー野手も、唯一試合の半分をベンチで休める役割がある。攻撃時に投手に代わって打席に立つ攻撃専門の指名打者、いわゆるＤＨ（Designated hitter の略）である。

　過度な投高打低と観客減少を解消するため、一九七三年よりメジャーリーグのアメリカンリーグで初採用された。一九七五年からは日本のパシフィック・リーグでも模倣《もほう》され、現在ではすっかり定着している。

二〇一八年はわずか六試合だけ、中田翔はＤＨで起用された。それは主砲の疲労軽減策だったが、二〇一九年は二十一試合とＤＨ起用が急増した。

「守りがあるのとないのとでは、体力的には全然違います。守備につかないということが、これだけ楽なんだと実感しますね。ということは、やっぱり守備でもいろいろ神経を遣っているんでしょうね。ファーストの僕でさえそう思うんだから、キャッチャーなんか、守りにつくか、バッティングだけのＤＨかで、疲労度が雲泥《うんでい》の差でしょうね」

そうして疲労とも戦いながら、プロ野球選手は遠征という名の旅を、春から秋までつづけている。

二〇一九年の北海道日本ハムの遠征における移動距離は、四万八千六百九十八キロにも及んだ。

それは、地球一周以上の距離に匹敵する。

登録抹消

禍福《かふく》は糾《あざな》える縄《なわ》のごとし。

この故事成語は、プロ野球選手の一年間にも当てはまる。

キャンプ中の左内転筋肉離れで不安視された中田翔の二〇一九年は、開幕戦史上初の延長戦サヨナラ満塁弾で豪快にはじまった。そこからしばらく不調に陥り、交流戦で復調しだした。右脹脛《ふくらはぎ》打撲でスタメンを外れたが、夏は彼の季節であり、例年ここからの活躍でチームの勝利に幾度となく貢献してきた。

前年の二〇一八年も、彼はまさに夏男《なつおとこ》といえた。八月の月間成績が打率三割二分、六本塁打、十九打点。そして二〇一九年も、七月は打率二割八分九厘、七本塁打、十八打点と、前夏と同じような兆候を見せつつあった。

しかし、七月最後の日。

走者一、二塁で迎えた第一打席、東北楽天のエースである則本昂大《のりもとたかひろ》のフォークボールをレフト前へと弾きかえす適時打を放った。その際の動きがいつもとは異なった。球を捉えたインパクトの直後、スイングの途中で右手をグリップから放し、フォロースルーは左手一本だった。同点打に沸くスタンドをよそに、一塁上に立つ彼は顔を歪めていた。

「そこからは右手の痛みがひどくて、トレーナーが手袋に細工してくれたんですけど、痛いのには変わりがなかったです。なんとかしたくても、どうしようもないことも、あるんですよね……」

これまで述べてきたとおり、プロ野球選手に怪我はつきものである。とりわけ主力選手ともなると、登録抹消はおろか一試合欠場することさえ、容易に許されない。

「『痛いんだったら無理するな』、そう最初からいわれたら休んでいたかもしれないですけど、自分の気持ちもあって、痛いけど我慢《がまん》して頑張ろうかなと」

首位福岡ソフトバンクに、〇・五ゲーム差にまで肉薄したチーム状況での出来事だった。その試合はもちろん翌日以降の試合でも、彼はチームに求められ、自身の意思もあって打席に立ちつづけた。

夏男の夏がはじまった矢先の暗転だった。七月までに二十三本を放ち、打点も六十八点と、このままなら自身最高成績も望めるシーズンになるかもしれなかった。だが怪我の翌日に月が変わると、彼のバットから快音が響かなくなった。

「右手が痛すぎて、怖さがあって、患部を庇《かば》いながら打席に立つうち、左手一本で振る変な癖《くせ》がついてしまいました。自分のスイングができないんです。球をバットの芯で捉えても、右手の押しこみがないから力のない打球しか飛ばない。無意識のうちに自分で握りを緩めちゃっているから、どうしようもなかったです」

怪我以降、二十二打数一安打。出場した五試合すべてでチームは敗れた。

「ホームランを打つ感覚なんか、まったく忘れていました。自分のスイングができているときなら打点を稼ごうという気にもなりますけど、中途半端なスイングしかできなくて……。

若手ではないから、痛いです、休みます、痛みが減ったからまた出ます、そういう立場ではないとも思っています。だから、打席に立つだけでもいいかとさえ思っていたぐらいです。『おまえがいるといないとではまったく違う』とコーチもいってくれていたので、痛いのを我慢して、歯を食いしばってでも、出ようと思っていたんですけど……」

怪我から十三日が経ち、そこでようやく彼は登録抹消された。

すぐに東京都内の病院で精密検査を受けると、右手母指球部挫傷《ぼしきゅうぶざしょう》、全治二週間と診断された。

「バットを振ることはもちろん、持つことさえ痛くてできなくなってきて、そこで初めてヤバいなと。このまま痛みが長引いてしまったら、もっと後悔するだろうなと思ったから、自分から『抹消してください』と願い出ました」

登録を抹消されると、当日から一軍の公式戦には出場できなくなり、最低十日間は再登録ができない規約になっている。

「悔しいですけど、それよりも、申しわけないという気持ちのほうが大きかったです」

彼が登録抹消されて一軍から消えるのは、二〇一七年の右内転筋挫傷《ないてんきんざしょう》以来、二年ぶりのことであった。

ファーム

北海道日本ハムのファーム施設は千葉県鎌ケ谷《かまがや》市にある。

そこでしばらく、中田翔は無為《むい》に過ごした。

挫傷した患部が炎症を起こして熱があった三、四日間はバットを握ることやウェートトレーニングはもちろん、アイシングのしすぎも禁じられ、なにもすることができなかった。

「早く戻りたいと思っていました。でも、完治してもいないのに上がって、やっぱりまだ痛いですとなったら、そんなのアホでしょ。それだけは避けたかったので、不安がなくなるまで我慢しようと。シーズン中にゆっくりできることなんかないじゃないかと、なんとか前向きに考えようとしていました」

プロ野球選手がシーズンたけなわの夏に、試合はおろか練習さえできない。憤懣《ふんまん》やるかたない思いで、スマートフォンを左手に持ち、遠い札幌で行われている自軍の試合の様子を見ることしかできなかった。

「チームの状態が気になって、毎日見ていました」

ある試合後、ファームにいる彼のスマートフォンにメッセージが入った。

《早く帰ってきてくださいよ》

それはリードオフマンの西川遥輝からだった。

「メッセージを見て、なおさら、悪いな、ごめんなと」

チームは四番打者の戦線離脱と、ときを同じくしてさらに失速してしまう。打線全体の調子や投手の状態も下降気味で、しかも彼の代役として四番に座ったプロ二年目の清宮幸太郎も不振を極め、彼の穴を埋めるには至らなかった。

「『プレッシャーを感じている清宮君へのコメントを』とか、新聞記者が鎌ヶ谷にまで求めて来たんです。自分はそれどころじゃないんだと。それに、清宮がプレッシャーを感じるなんて早すぎます。それは、怪我の現状を報告しに札幌へ戻った機会に、あいつ本人にも伝えました。『プロ二年目の選手が、プレッシャーがかかってとか、チームを背負ってとか、そんなことといっても誰も共感しないよ。四番を打てている、いまを楽しめよ』と。

僕も若いときに先輩たちからそういわれてきたし、ガチガチになってあいつ本来のバッティングができないともったいないですから。一年目のあいつは、三振してもニヤニヤしながらベンチへ帰ってきていました。ニヤニヤするのがいいかどうかわからないけれど、それだけ気持ちに余裕があったということですよね」

チーム状況は悪化の一途を辿り、首位福岡ソフトバンクの復調や三位以下の猛追などもあり、一時は首位に〇・五差の二位につけていたはずが、彼が不在の間に八ゲーム差の五位タイにまで転落してしまった。

全治二週間という診断だったが、ファームに来て十日後、鎌ヶ谷でのイースタン・リーグ横浜DeNAベイスターズ戦に四番一塁で先発出場した。そこで二打数一安打とすると、「思ったよりしっかりボールが見えたし、思った以上にバットも振れてよかった。（右手の痛みは）まったくない、大丈夫」と報道陣に語り、戦列復帰へ万全の様子を見せた。

しかし、後に確かめると本心は違った。

「ほんとうは、きわどいところでした。大丈夫だろうかという気持ちもあったことは事実だけど、でもチーム状況や、早く上の試合で打席に立ちたいという自分の思いもあって。ファームの試合で打席に立っても、ぜんぜん燃えるものがなかったんです。予定ではもう二、三試合ぐらい様子を見て上に戻るはずでしたけど、回復具合は七割くらいのところを、『十割です、行けます』と球団には伝えました」

デーゲームでようやく一試合だけファームの打席に立ったその晩、翌日にオリックス戦を控える一軍へと合流するため、急遽一人で新幹線に乗り、大阪へと移動した。

フルスイング

一人で大阪へとやってきて迎えた復帰戦。京セラドーム大阪の電光掲示板には、四番一塁に中田翔の三文字が点灯した。

いきなりの先発出場。レフトスタンドの応援席からは、下位に沈むチームの危機に戻ってきた主砲に温かい拍手と熱い声援が贈られた。

第一打席からフルスイングだった。

初回表、オリックス先発の竹安大知《たけやすだいち》の変化球にバットをしっかり振りぬき、高く上がる一塁へのファウルフライだった。

「だけど、この日は結果よりも、やっとバットをフルスイングできる、という喜びのほうが大きかったです」

三回表の第二打席、結果を求めていない彼のバットから快音が響く。外角のフォークをレフト前へ、復帰初安打を記録した。

そして、第三打席には走者一、二塁のチャンスでまたもフルスイング。内角低めのシュートをとらえ、左中間を破るタイムリー二塁打を放った。走者二人の生還を二塁ベース上で確かめた彼は、自軍ベンチに向かって右の拳を小さく挙げた。

さらに圧巻は第四打席だった。三番手吉田一将《よしだかずまさ》の百四十二キロを、やはりフルスイングした。打った瞬間、左翼上空へ高々と上がる打球を誰もが見上げ、レフトは追うのを諦めて見送ろうとした。

ところが、打球がいつまでも落ちてこない。両軍ベンチもスタンドの観客も消えた打球に騒然としたが、やがてVTRでなにが起きたか判然とした。

打球はドームの天井を構成している迫りだしたリングへと吸いこまれて消え、グラウンドに戻ってはこなかったのである。

その珍事に打った彼は苦笑いし、審判員が指差す二塁に留まった。同じ経験が二〇一二年のオールスターゲーム第一戦でもあったため、すぐに事情が飲みこめたようだった。

「天井から落ちてこなければ、球場のルールで、どんなに飛距離が出ていてもホームランにはならないんです。余裕でホームランだと思ったのでがっかりしましたけど、あの打席は気持ちいいスイングをしようと心掛けていたので。会心の当たりだったから、それでもよかったです」

試合は六対一。帰ってきた四番が約一カ月ぶりの連勝をチームにもたらした。

「帰ってきたことを、試合後に栗山監督から『ありがとう』といってもらえて、もっと頑張らなあかんな、そう思えました」

この試合は、全打席でフルスイングだった。

それは、大阪桐蔭高校時代の西谷浩一《にしたにこういち》監督の教えでもあった。

「『三振でもいいから、とにかく強く振りなさい』、よくそういわれていましたね」

復活の地は、フルスイングがよく似合う彼の第二の故郷、大阪だった。

そこで三安打猛打賞二打点、特大二塁打のおまけ付きと、いきなりの「翔タイム」。試合後にヒーローインタビューを受けると、まだ打球が落ちてこない天井まで響くマイクで口にしたのは、ファンと、そして、チームのことだった。

「苦しい日々でも、ファンの声援ですごく勇気づけられたので、ほんとうにみなさんには感謝しています。二位、三位までゲーム差はほとんどないので、ここからファンのみなさんとともに、巻きかえしていけたらいいなと思っています」

脳震盪

球場全体が静まりかえった。

二〇一九年シーズンのペナントレースレースも終盤の、東京ドームでの千葉ロッテ戦。最終回の守備でブランドン・レアードの放ったライト線への飛球を、一塁手の中田翔が追いかけた。飛球が上空から落下してきて捕球体制に入ったところ、同時に追いかけていた二塁手の渡邉諒《わたなべりょう》と衝突した。

背面から倒れるようなかたちとなり、後頭部をグラウンドに強《したた》かに打ちつけた。頭部が弾むほどの衝撃に、仰向けになったまま動けなくなった。

渡邉はすぐに立ちあがったが、彼は右手で後頭部を押さえ、ファーストミットをはめた左手を顔に乗せたまま動かなくなった。

トレーナー、ナイン、コーチが駆けつけ、素早く担架《たんか》も用意された。観客が心配そうに見つめるなか、プレーが停止したまま、ときが過ぎていった。

「頭を打ってからも意識はありましたけど、少しぼうっとしたので、すぐには立ちませんでした。トレーナーがすぐに来てくれたんですけど、それがとても長い時間に感じて、まだか、まだか、と。

やっと来てくれたトレーナーに『大丈夫か』と訊かれて、『担架なんて持ってこなくて大丈夫、恥ずかしいから歩く』、そう答えました。ナベが、『すみません、すみません』と何度も謝っていたので、『あとで殺すからな！』といつもみたいに冗談をいうと、それであいつも安心したみたいでした」

彼が起きあがると、安堵の拍手がスタンドから送られた。

トレーナーに支えられながらも自力で歩き、ダグアウトの裏側へと退いた。即座に栗山監督によって交代が告げられた。

脳震盪《のうしんとう》の疑いがあったため、球場内で簡易的な検査を受け、試合終了後に精密検査のために都内の病院へ向かった。

自力優勝の可能性は、すでに約半月前に消滅していた。だが前カードでオリックスに三連勝したことで、三位千葉ロッテに三・五ゲーム差と迫り、クライマックスシリーズ進出圏内確保に向けて負けられない試合だった。

投手陣が崩れて十二被安打八失点ながら、六回裏には四番の彼のレフトフェンスを直撃する二塁打で二点を返していた。

しかし、最終回に彼が負傷退場し、最終的には二対十の大敗となった。三位千葉ロッテとの直接対決での敗戦により、ゲーム差は四・五に広がった。

翌日も精密検査のため、右手負傷以来またも四番不在となった北海道日本ハムのペナントレースは、事実上終焉《しゅうえん》した。

もはや無理をする必要もなくなった状況に思えたが、医師に出場を止められた翌日の試合に欠場したのみで、彼はスタメンに復帰した。

「どんな状況であれ、まだ試合が残っている。絶望的ではあっても、可能性がまったくなくなってしまったわけじゃない。それに、応援してくれているファンがいるという事実がある。なのに、僕ら選手が諦めてしまうなんて、そんなこと、できないじゃないですか」

ヘッドスライディング

雨が降っていた。

旭川スタルヒン球場のグラウンドは、白線でかたちづくられたダイヤモンドの土が濡れ、黒っぽく、重たそうだった。

脳震盪の検査後に中田翔が復帰してから十六試合が経過しても、チーム状況は好転してはいなかった。九月十六日の時点でペナントレースの残りは九試合となった。北海道日本ハムが全勝し、三位の東北楽天と四位の千葉ロッテがそれぞれ全敗すれば、まだクライマックスシリーズ出場の可能性は残されてはいた。だがそれは、あと一敗でもしたならば、そこで今季が終戦となる背水の陣であることを意味していた。

その福岡ソフトバンク戦で、中田翔は三回と五回にレフトへ二安打を放っていた。さらに六回、近藤が二点適時三塁打を放って五対一と四点差に広げ、なおも二死三塁の好機で打席が巡ってきた。

新人右腕甲斐野央《かいのひろし》の百四十七キロの速球を捉え、打球は三遊間を抜けてこの日三本目となるレフトへの安打になるかと思われた。だが三遊間の深いところで、五度のゴールデングラブ賞を誇る遊撃手の今宮健太《いまみやけんた》がゴロをダイビングキャッチすると、すぐさま起きあがって一塁へとワンバウンドで送球した。

中田翔は、必死に走った。

アウトならば3アウトでチェンジ。

セーフならば内野安打で一点追加。

タイミングは微妙で、全力疾走する彼は一塁の手前で両腕を伸ばしながら頭から滑りこみ、両手でベースを掴んだ。

塁審が両手を広げて「セーフ」と叫ぶと、鬼気《きき》迫るヘッドスライディングにスタンドが響《とよ》めいた。

この内野安打で三塁走者が生還した。さらにキャプテンが見せた気迫に触発されたかのように、五番渡邉、六番清宮も安打でつづき、彼自身も七点目のホームを踏んだ。この回、チームは二死から四点を奪う猛攻で七対一とし、雨のなか応援していた旭川のファンは幾度も歓喜した。

やがて、八回に雨足が強くなってきたところで降雨コールドゲームとなり、チームは翌日以降へと一縷《いちる》の望みをつないだ。

試合後、雨中にヘッドスライディングをした彼のユニフォームは泥まみれだった。

「一塁は駆けぬけるほうが早いと、よくいわれますけど、僕にはそう思えなくて。打球を捕られるところが見えて、アウトになってしまうと思ったら体が反応して飛んでいました。僕みたいな体重が重いやつがやると、体がバウンドして頭がくらくらします。でも、前傾姿勢で走っていて気持ちが入っていれば、自然とやってしまうんですよね」

そういう彼の右肘を見ると、火傷《やけど》でもしたかのように皮膚《ひふ》が捲《めく》れていた。

「こういう傷、プレーしているときはなんでもないのに、試合が終ってシャワーを浴びるときに初めて、痛いと気づくんですよね」

ヘッドスライディングでの内野安打で、彼の打率は二厘しか変わらない。

それでも、雨降るなかで文字どおり泥臭い、体を張った彼のがむしゃらさがチームに伝わった。

「自分たちが残り全部勝って、相手が残り全部負ける。プロの世界でそんなこと起こりはしないだろうという思いも、当然あります。

だけど、こんな雨のなか、まだ僕らを信じて声援を贈ってくれているファンがいる。前回の旭川での試合は勝てなかったし、どうしても勝つ姿を見せたかったんです。可能性がどうとか、そんなことを考えず、僕らは残り八試合、全部勝てると、いい意味で勘違いして、最後まで全力で戦えばいい」

優勝

北海道の夏は短い。

ペナントレース終了後に、北の大地を訪れた。

石狩《いしかり》の広大な平野は、遠くピンネシリから吹きおろす北風が、もう冷たかった。

すでに九月二十二日の千葉ロッテ戦で、北海道日本ハムは〇対四の完封負けを喫し、二〇一九年シーズンの五位以下が確定していた。終戦は二回裏の守備中、三位東北楽天が勝利したことで、今後の勝敗にかかわらずクライマックスシリーズ進出の可能性が消滅した。

シーズン中、中田翔と会うたび、まっさきに彼が口にするのは、きまってチームの話だった。たとえば、こんなふうに。

「試合に勝てているのであれば、今日のホームランにも意味があります。でも、勝てていないのであれば、意味なんて、なにもないですから」

この言葉は、彼という選手が、個人ではなくチームの最終成績に目標を定めていることを意味している。

すなわち、二〇一九年シーズンの彼の戦いは、敗北に終った。

「若い頃は、自分が打てたか、打てないか、そればかりを考えてプレーしていました。試合で負けていても自分がホームランを打てたなら、ちょっとほっとしている部分がありました。一軍で生きのこれるかどうかのレベルだったら、それもべつに悪いことではないんでしょうけどね」

優勝――。

その最高の結果を彼が最初に味わったのは、プロ公式戦初出場を果たした二〇〇九年のことだった。

「だけどその年は、優勝を決める数日前に二軍へ落とされたんです。ビールかけも経験できなくて、すごく悔しくて、毎日三時間も四時間も鎌ヶ谷でバット振っていました」

つぎの優勝は、その三年後のこと。レギュラーシーズンの全試合に四番打者として出場し、リーグ最多となる十七もの勝利打点を記録した二〇一二年だった。

「中心選手として優勝できて、ビールかけの輪のなかに自分もいられた達成感は、いまでも忘れません。野球をしていて、これ以上の歓びなんてない、そう思えました」

その歓喜を知った四年後の二〇一六年、こんどは中心選手としての重圧のなかで、感謝を知る。シーズン前半戦は不調を極め、代打を出されたことも、スタメンから外されたこともあった。だが後半戦で復調すると、最終的には打点王に輝く百十打点で優勝に貢献した。広島東洋カープとの日本シリーズでも活躍し、野球をはじめた故郷広島で自身初の日本一になった。

「自分の状態がシーズン当初はほんとうに酷《ひど》くて。それでチームが負けていたら、さらにドツボにはまっていたし、もし最下位だったら、周りからは『中田が打たないせいだ』といわれていたはずです。

でも、チームが勝ってくれていたことで僕は救われていました。結果的に優勝できて、日本一にもなれて、チームメートに助けられて、感謝の心がすごく強くなっていきました。優勝のときって、カメラに映されていることもわかっているし、ファンが何万人も見ていて恥ずかしいとは思うんですけど、ぶわーっと自然に涙が出てきました。ああいう感情になれるのは、やっぱり、優勝しかないんじゃないですかね」

以後、二〇一七年も、二〇一八年も、そして二〇一九年も、優勝だけを目指して戦ってきた。

ここまで一冊を通じて描いてきたように、プロ野球選手として、悩みながら、苦しみながら、傷つきながら、心技体を尽くして戦ってきた。

けれども、野球は、勝者ばかりを生みはしない。

「北海道のファンは、僕がプロ入りしたときから、ずっとやさしかったし、あたたかかった。調子がどれだけ悪くても、いつも声をかけて励ましてくれました。それなのに、優勝できなかったということが、いまは、すごく悔しくて、情けなくて、申しわけない気持ちでいっぱいです。だけど……いまのこの感情を乗りこえて、また優勝できたとしたら、きっと感動も、違うんじゃないかな」

一年のことを、野球ではシーズンと呼ぶ。

敗者となる冬のようなシーズンもあり、勝者となる春のようなシーズンもまた、巡りくる。

あとがき

少年時代、プロ野球選手という仕事に憧れた。

亡き父が連れていってくれた後楽園《こうらくえん》球場で、照明を浴びてプレーする彼らは、文字どおり輝いて見えた。

当時の私は、勝利のためにグラウンドで躍動する彼らの、外面的な魅力に心を奪われていた。

それは、逞《たくま》しい肉体であり、華やかな技能であり、煌《きら》びやかな結果だった。

時代は令和へと移ろおうとも、プロ野球の人気は不変である。一シーズンに開催された公式戦は八百五十八試合あり、その総観客数は二千六百万人以上にのぼる。テレビ、ラジオ、インターネットでの視聴者数も含めると、まさにプロ野球は日本においても、野球の母国アメリカでの呼称どおり、「National pastime（国民の娯楽）」であるといっていい。

その主役たるプロ野球選手は、私が幼い頃だけでなく、むろんいまでも少年たちの夢の職業である。

しかし、往々にして、夢は叶《かな》わない。

プロ野球選手になど到底《とうてい》なれなかった私は、憧れだった仕事を伝えることが仕事になった。グラウンドで起きた様々な事象に、彼らがなにを思考し、なにを決断したか。彼らと対話し、その心のうちへと分入《わけい》る日々は、もう二十年以上になる。

彼らと接する機会に恵まれてみて、球場の観客席で眺めていたときとはまったく異なる、その仕事の内面的な辛苦を知った。

それは、あの逞しい肉体が、脆《もろ》く、傷つきやすく、あたりまえだが彼らが痛みを感じる生身《なまみ》の人間であるということ。

それは、あの華やかな技能が、地味な反復作業をひたすらつづける努力によって、ほんの少しずつ修得されてゆくということ。

それは、あの煌びやかな結果が、不安で孤独な長く暗い過程を経て、無数の一喜一憂の果てにようやく累積《るいせき》されてゆくということ。

肉体や、技能や、結果といった外面的な情報なら、新聞や雑誌やネットに溢《あふ》れている。

けれども、いまの私が惹《ひ》きつけられ、多くの夢破れた人々に伝えたいのは、彼らの内面的な実像である。

大観衆が見つめるプロ野球選手の、しかし、目には見えない、精神や、努力や、過程にこそ、プロ野球選手という仕事から教えられる普遍的な意味や価値があるように私には思える。

これは、とりわけ二〇一七年から二〇一九年において、一人のプロ野球選手に密着し、心のなかの言葉を拾い集め、プロ野球選手という仕事を探求した記録である。

本書を書きおえることができたのは、多くの方々のご助力による。まずは本書の執筆を勧めてくださったアスリートドリームマネジメント社長の三原徹氏に深謝したい。取材活動にご協力いただいた広報の高山通史氏をはじめとする北海道日本ハムファイターズ球団、編集をご担当いただいた主婦と生活社の石井康博氏、執筆補助作業にご協力いただいたフォー・エイトの丸尾由美子氏、二十年ぶりに拙著のカバーを撮影していただいた写真家の鈴木教雄氏、企画段階から携わってくださった神原順子氏、そして、中田翔選手をはじめ、取材に応じてくださったご家族、選手、球団スタッフのみなさまに、この場をお借りしてあらためて心から御礼申しあげたい。ありがとうございました。

二〇一九年の秋、王者を決する日本シリーズが開幕する前日、それが行われる福岡ではなく、反対の札幌へと飛んで中田翔に会った。

北海道日本ハムファイターズの年間戦績は六十五勝七十三敗五分の五位で、日本シリーズはもちろん、クライマックスシリーズの出場もならなかった。

プロ野球の秋は、勝ち残っている者だけが「野球」ができ、敗れ去った者は「野球」ではなく、「野球のための準備」をしなければならない。北海道日本ハムの選手たちは、ファームの球場がある千葉県鎌ヶ谷市で秋季合同練習をしていた。

中田翔はしかし、その合同練習には参加してはいなかった。地元（そう、ここはすでに彼の地元）札幌で一人、シーズン中にはできない苛烈《かれつ》な筋力トレーニングを自らに課している最中だった。

その汗を流し終えた夕食の席で、疲労感を漂《ただよ》わせながら、苛《いじ》めぬいた己《おのれ》の肉体に注ぎこむように、野菜や肉をゆっくりと口に運ぶ彼に、最後に訊いてみた。

――日本シリーズ、見るの？

彼は、目を伏せてかぶりを振った。

自分が出場することができなかった「野球」を、テレビで見ることはないという。

「だって、僕は、仕事で野球をしていますけど、他人の野球を見るのは、好きじゃないですから」

すでに彼は、「野球のための準備」をはじめていた。
一年後の秋に、「野球」をしているために。

令和二年二月

平山 譲

平山 讓

ひらやま・ゆずる……1968年、東京都生まれ。作家。出版社勤務ののち、著述に専念。小説、ノンフィクション、エッセイ、映画脚本、映画評など執筆は多岐に渡り、雑誌や新聞での連載も多数。中でも実話を基にした作品を数多く手掛けており、著作が映画化、ドラマ化される。おもな著作に、『ありがとう』『還暦少年』(講談社)、『4アウト』『サッカーボールの音が聞こえる』(新潮社)、『ファイブ』『魂の箱』(幻冬舎)、『灰とダイヤモンド』『最後のスコアブック』(PHP研究所)など。

撮影　鈴木教雄
デザイン　大塚さやか
制作協力　株式会社北海道日本ハムファイターズ
Athletes Dream Management, Inc.
編集協力　神原順子(有限会社ジャッジ)
編集　石井康博(主婦と生活社)

中田 翔　逃げない心
プロ野球選手という仕事

著者　平山 讓
編集人　栃丸秀俊
発行人　倉次辰男
発行所　株式会社主婦と生活社
〒104-8357 東京都中央区京橋3-5-7
編集部 TEL03-3563-5194
販売部 TEL03-3563-5121
生産部 TEL03-3563-5125
https://www.shufu.co.jp
製版所　朝日メディアインターナショナル株式会社
印刷所　大日本印刷株式会社
製本所　小泉製本株式会社

ISBN978-4-391-15371-2